# 中小企业财务管理问题与改革创新研究

蒋旭 著

郑州大学出版社

**图书在版编目(CIP)数据**

中小企业财务管理问题与改革创新研究 / 蒋旭著. -- 郑州：郑州大学出版社，2023.12(2024.6 重印)
ISBN 978-7-5773-0007-8

Ⅰ.①中… Ⅱ.①蒋… Ⅲ.①中小企业 - 企业管理 - 财务管理 - 研究 - 中国 Ⅳ.①F279.243

中国国家版本馆 CIP 数据核字(2023)第 215408 号

中小企业财务管理问题与改革创新研究
ZHONG-XIAO QIYE CAIWU GUANLI WENTI YU GAIGE CHUANGXIN YANJIU

| | | | | |
|---|---|---|---|---|
| 策划编辑 | 李勇军 | | 封面设计 | 孙文恒 |
| 责任编辑 | 孙精精 | | 版式设计 | 孙文恒 |
| 责任校对 | 王晓鸽 | | 责任监制 | 李瑞卿 |

| | | | | |
|---|---|---|---|---|
| 出版发行 | 郑州大学出版社 | | 地　　址 | 郑州市大学路 40 号(450052) |
| 出 版 人 | 孙保营 | | 网　　址 | http://www.zzup.cn |
| 经　　销 | 全国新华书店 | | 发行电话 | 0371-66966070 |
| 印　　刷 | 廊坊市印艺阁数字科技有限公司 | | | |
| 开　　本 | 710 mm × 1 010 mm　1 / 16 | | | |
| 印　　张 | 13 | | 字　　数 | 211 千字 |
| 版　　次 | 2023 年 12 月第 1 版 | | 印　　次 | 2024 年 6 月第 2 次印刷 |

| | | | | |
|---|---|---|---|---|
| 书　　号 | ISBN 978-7-5773-0007-8 | | 定　　价 | 58.00 元 |

本书如有印装质量问题,请与本社联系调换。

# 目　录

# 第一章　概述

在当今的全球化商业环境中，中小企业（SMEs）的地位和影响力不容忽视。作为经济生态的基石，它们在促进创新、增加就业以及实现社会和经济发展中起着至关重要的作用。然而，中小企业的运营和成长往往面临许多挑战，其中最为突出的就是财务管理。

为了理解这些挑战并提出相应的应对策略，我们首先需要了解中小企业的财务特点（第一节）。中小企业的财务特点在很多方面与大型企业有所不同，这些特点包括其运营模式、资本结构、融资渠道等，这些都会影响到企业的财务管理策略和财务决策。

接下来，我们会深入探讨中小企业财务管理的基本内容（第二节）。这包括但不限于财务规划、资金管理、成本控制、投资决策、财务报告等。了解这些基本内容有助于我们构建一个系统性的理解框架，以便更好地应对中小企业的财务问题。

在深入了解了中小企业的财务特点和财务管理的基本内容后，我们将讨论在推动中小企业财务管理改革和创新时需要注意的事项（第三节）。在全球化和数字化的背景下，创新是推动企业发展的关键。对于中小企业而言，财务管理的创新和改革尤为重要。

本章旨在为读者提供一个对中小企业财务管理的基本认识，这是理解书中后续章节内容的重要基础。无论您是企业管理者、财务专业人士、学者，还是对企业财务管理感兴趣的读者，我们都希望这一章能够提供给您有价值的启示。

# 第一节　中小企业财务的特点

中小企业在全球经济格局中占据不可忽视的地位，被视为经济增长的驱动力、创新的源泉和就业的主要提供者。与大型企业相比，中小企业的操作模式、管理结构和资源配置往往具有独特性。尽管它们的贡献在很多国家都是不可或缺的，但在财务管理领域，中小企业常常面临着一系列复杂且具有挑战性的问题。这些问题往往与资本获得、财务流程、财务透明度以及法规和税务压力等多方面的因素相关。为了更好地理解这些问题，接下来将详细探讨中小企业在财务方面的核心特点及其所带来的挑战。

## 一、资金限制

中小企业通常面临资金限制的挑战，因为它们的规模较小，往往无法获得大额贷款或吸引投资。这使得它们在资金筹集和运营资金管理方面需要更为谨慎和灵活。

首先，中小企业往往难以通过传统的融资渠道获得充足的资金支持。由于规模较小、信用记录较少或不稳定，它们面临着银行贷款难度大、利率较高的问题。同时，投资者对中小企业的风险偏好相对较低，不太愿意投资于这些企业，限制了它们通过股权融资获取资金的机会。

其次，中小企业在运营中也面临着资金紧张的压力。它们通常没有足够的现金储备来应对突发事件或经营不顺利的情况，这可能导致支付供应商延迟、无法按时支付员工工资或无法承担业务扩张所需的资金投入。同时，中小企业的现金流周期较长，即从销售产品或提供服务到收到客户付款之间的时间较长，也增加了资金周转的难度。

为了应对这些资金限制,中小企业可以采取一系列策略。首先,它们可以积极寻求多元化的融资渠道,如与合作伙伴建立长期合作关系、争取政府扶持政策或寻找风险投资等。其次,中小企业可以优化现金流管理,通过减少库存、加强应收账款的催收、优化供应链管理等方式来改善资金周转。此外,中小企业还可以通过控制成本、提高运营效率和盈利能力,以增加内部现金流的生成。

中小企业还可以考虑创新的融资方式和金融工具。例如,借助互联网金融平台,它们可以与小额贷款机构、个人投资者或其他中小企业进行融资合作。此外,中小企业还可以探索供应链金融、股权众筹等新兴融资方式,以满足其资金需求。

## 二、财务透明度不高

在中小企业中,财务透明度通常较低,这意味着财务报告和信息披露相对有限。与大型企业相比,中小企业在以下这些方面面临一些挑战,同时也是可能导致财务透明度不高的原因。

其一,资源有限。中小企业往往缺乏充足的人力、财务工具和系统来支持完善的财务报告和信息披露。它们可能没有专门的财务团队,或者财务团队规模较小,难以承担全面的财务报告工作。

其二,理解不足。中小企业的财务管理知识水平和理解能力可能相对较低。创业者和经营者可能关注的是业务运营和市场拓展,对财务管理的重要性和相关法规要求的理解可能有限。因此,它们可能无法正确编制财务报告和提供充分的财务信息。

财务透明度不高可能带来以下问题和影响:

第一,外部评估和决策受限。投资者、合作伙伴、供应商等外部利益相关者往往依赖于财务信息来评估企业的健康状况和潜力。如果财务信息不够透明,外部利益相关者可能无法准确评估企业的价值和风险,从而对合作、投资或供应决策产生疑虑。

第二，资金融通受限。银行、金融机构或投资者可能对中小企业的贷款或投资提出更高的要求，因为他们无法充分了解企业的财务状况和业绩，可能导致中小企业在融资方面面临困难，并限制它们的发展和扩张。

为提高财务透明度，中小企业可以采取以下策略：

第一，提升财务管理能力。中小企业应加强对财务管理的重视，并提升内部财务团队的能力。这可以通过培训、招聘具备财务知识和经验的人员或聘请财务顾问来实现。

第二，完善财务报告和信息披露。中小企业应遵循相关的财务报告准则，并确保财务报告的准确性和及时性。还可以主动披露更多的财务信息，例如通过定期发布财务摘要、业绩报告或公开发表演讲等方式，向外部利益相关者提供更多透明的财务信息。

第三，借助技术支持。中小企业可以利用财务软件和信息系统来提高财务管理的效率和准确性。这些工具可以帮助企业实现自动化财务报告和分析过程，减少人为错误和时间成本。

通过提高财务透明度，中小企业可以增强外部利益相关者对企业的信任和合作意愿，为企业的发展和成长创造更有利的条件。


## 三、稳定性不足

中小企业在经济环境的变化中更加脆弱，因为它们往往依赖少数几个客户或合作伙伴，对市场波动更为敏感。这种依赖性可能会给中小企业带来财务管理上的挑战。当这些关键客户或合作伙伴出现问题或变化时，中小企业的收入和盈利能力可能会受到严重影响。

首先，中小企业需要警惕客户或合作伙伴的信用风险。如果企业的主要客户出现付款延迟或无法支付的情况，企业的现金流可能会受到冲击，导致资金链断裂。因此，中小企业在与客户签订合同或与合作伙伴建立业务关系时，应该进行充分的尽职调查和信用评估，以降低信用风险。

其次，中小企业需要多元化客户和市场。过于依赖少数几个客户或合作伙伴，使企业的财务状况过于依赖他们的业务，一旦与这些客户的关系出现问题，企业的稳定性将受到威胁。因此，中小企业应该积极寻找新的客户和市场机会，扩大业务范围，减少对单一客户或合作伙伴的依赖。

再次，中小企业还需要加强财务规划和风险管理。财务规划包括预算编制、资金管理和预测等方面。通过制定合理的预算和有效的资金管理策略，中小企业可以更好地掌握自己的财务状况，预测和应对可能出现的风险。风险管理方面，中小企业应该识别和评估可能对企业财务稳定性产生影响的各种风险，并制定相应的措施进行管理和应对，如购买适当的保险或建立应急储备金等。

最后，中小企业还可以考虑与其他企业建立合作关系或联盟，以增加资源和市场的稳定性。通过与其他企业的合作，中小企业可以共享资源、分担风险，并在市场竞争中获得更大的竞争优势。这种合作可以包括供应链的整合、技术合作或市场推广等方面。

## 四、管理者多重角色

管理者在中小企业中需要扮演多重角色，这是由企业规模相对较小、资源有限、管理层人员数量有限的特点所决定的。相比大型企业，中小企业的管理者通常需要同时兼任多个职位，如财务经理、营销经理、人力资源经理等，承担着多重职责。

首先，中小企业的管理者需要担任财务经理的角色。作为财务经理，他们负责企业的财务管理，包括编制财务预算、进行资金规划和管理、监督财务报告的准确性等。他们需要掌握财务知识，了解财务报表的分析方法，以及有效地运用财务工具和技术来评估企业的财务状况和经营绩效。

其次，中小企业的管理者还需要担任营销经理的角色。作为营销经理，他们需要制定并执行市场营销策略，进行产品定价、市场推广、销售渠道的管理等。他们需要了解市场趋势和竞争情况，与客户保持良好的沟通和关系，以促进产品销售和市场份额的增长。

再次，中小企业的管理者还可能兼任人力资源经理的角色。作为人力资源经理，他们负责招聘、培训、员工绩效管理、薪酬福利等人力资源管理方面的工作，需要具备一定的人力资源管理知识和技能，以确保企业能够吸引、留住和激励优秀的人才，并建立一个高效的团队。

最后，中小企业的管理者还需要具备领导能力和沟通能力，能够有效地协调各个部门之间的工作，推动整个企业向着既定的目标前进。他们需要具备决策能力，能够在面临各种挑战和不确定性的情况下作出正确的决策。

因此，中小企业的管理者需要具备广泛的知识和技能，能够综合考虑企业财务管理与经营管理的各个方面。他们需要不断学习和提升自己的能力，适应不断变化的市场环境和经营需求，以有效地管理和发展企业。

## 五、管理信息系统的有限性

中小企业在财务分析过程中可能面临管理信息系统的有限性，这主要表现在以下几个方面。

### （一）财务数据收集困难

中小企业在财务数据收集方面可能面临一些困难，这主要是由于资源有限或技术设施不足所致。

缺乏自动化财务系统。中小企业可能没有实施自动化的财务系统，导致财务数据的收集和处理主要依赖于手工操作。手工记录财务数据可能会增加时间和人力成本，并且容易出现错误和遗漏。没有自动化财务系统的企业需要花费更多的时间和精力来收集和整理数据。

数据记录方式落后。由于资源有限和技术设施不足，一些中小企业可能仍然采用传统的数据记录方式，如纸质记录或简单的电子表格。这种记录方式可能容易受到人为因素的影响，例如数据输入错误、遗漏或丢失。相比之下，现代化的财务系统可以提供更可靠、准确的数据记录和存储。

缺乏专业财务人员。中小企业可能没有专门负责财务的人员或部门，这会导致数据收集的困难。财务数据的收集和整理需要一定的专业知识和技能，以确保数据的准确性和一致性。在没有专业财务人员的情况下，企业可能需要依靠其他员工来完成这些任务，但他们可能缺乏财务方面的专业知识和经验。

组织结构简单。相对于大型企业，中小企业的组织结构通常较为简单。这意味着财务职责可能集中在少数人手中，甚至由企业法人负责。在这种情况下，财务数据的收集和整理可能受到时间和资源的限制，容易出现数据不完整或延迟的情况。

财务数据的准确性和及时性对于企业的决策和经营至关重要。中小企业应该意识到这些困难，并尽可能采取相应的措施来克服这些困难，包括投资和实施适当的财务系统、培训员工以提高数据收集的能力，或者考虑外部资源，如聘请专业的会计师事务所来支持财务数据的收集和整理。确保财务数据的准确性和及时性可以为企业提供更好的决策依据，并为企业的发展奠定坚实的基础。

## （二）数据处理和分析困难

中小企业在数据处理和分析方面可能面临多种困难。首先，没有成熟的数据处理和分析工具。相比大型企业拥有先进的数据处理软件和系统，中小企业可能只能依靠基本的电子表格或简单的数据库来处理财务数据。这种情况下，处理大量数据可能变得非常耗时，因为缺乏高效的自动化工具和功能。此外，使用较为简单的工具也容易导致处理过程中出现错误，因为人工操作容易出现疏忽或遗漏。

其次，缺乏专业的数据分析人员。数据分析需要有相关的专业知识和技能，包括统计分析、数据建模、数据可视化等方面的能力。然而，中小企业通常没有足够的能力来雇用专业的数据分析师或培训现有员工进行数据分析，这意味着中小企业可能无法充分发挥财务数据分析的潜力，无法获得准确的洞察和决策支持。

数据处理和分析的困难可能加大中小企业在财务管理方面的挑战。财务数据对企业的健康和发展至关重要，因为它们提供了关于企业财务状况、盈利能力和风险等方面的信息。然而，如果中小企业无法高效地处理和分析这些数据，就难以及时了解企业的真实状况，并作出准确的决策。这可能导致财务风险的增加，错失商机，以及无法有效应对潜在的挑战。

## （三）信息整合和共享不畅

中小企业的管理信息系统存在一个问题，即信息整合及共享不畅。这意味着在这些企业中，财务数据和信息在不同部门或岗位之间的流通并不顺畅。这种情况可能导致信息的孤立和分割，使得企业很难获取全面的财务信息，并且无法进行跨部门或跨岗位的综合分析。

信息的不畅通可能会对企业的决策过程产生不利影响。由于信息无法迅速传递和共享，决策者可能无法及时获取必要的信息，从而导致决策的滞后和不准确。此外，信息的不畅通还可能影响企业对财务决策和监控的及时性和准确性。没有及时获得准确的财务信息，企业可能无法作出正确的决策，无法有效地监控财务状况和业务运营。

这种情况下，企业可能面临一系列问题。首先，由于信息无法流通，不同部门之间可能存在沟通障碍，导致信息孤立和部门之间的工作难以协调。其次，由于缺乏全面的财务信息，企业可能无法全面了解自身的财务状况和业务绩效，从而无法进行有效的战略规划和目标设定。此外，由于无法进行跨部门或跨岗位的综合分析，企业可能会错失识别潜在问题和机遇的机会，影响企业的竞争力和发展前景。

因此，信息整合和共享不畅对于中小企业来说是一个重要的问题。企业需要寻求解决方案来改善信息的流通和共享，以便更好地支持决策制定和监控活动，涉及改进现有的管理信息系统，建立更有效的信息传递和共享机制，以及加强部门之间的沟通和协作。只有解决这个问题，企业才能够更好地利用财务信息，作出准确的决策，并实现持续的增长和成功。

### （四）缺乏数据安全保障

缺乏数据安全保障是指中小企业由于资金和技术限制而无法建立完善的数据安全控制系统。在现代数字化时代，企业的财务数据和其他敏感信息以电子形式存储和传输，因此保护这些数据的安全性至关重要。然而，中小企业往往无法投入足够的资源来建立和维护强大的数据安全措施。

首先，资金限制是中小企业面临的主要挑战之一。相比大型企业，中小企业通常只有有限的预算和资源，难以承担昂贵的数据安全设备和专业人员的费用。他们可能无法购买先进的防火墙、入侵检测系统和安全认证工具等设备，也无法雇用专业的网络安全团队来监控和保护他们的数据。缺乏资金投入可能导致企业在面对不断演变的安全威胁时处于脆弱的状态。

其次，技术限制也是一个重要因素。中小企业通常缺乏内部的技术专业知识和经验，无法有效地评估和应对各种数据安全风险。它们可能没有专门的 IT 团队来管理和维护它们的系统，也无法进行定期的安全审计和漏洞扫描。此外，中小企业可能使用过时的软件和操作系统，这些系统可能存在已知的安全漏洞，容易受到黑客攻击和恶意软件的侵害。缺乏技术能力和资源使得中小企业更容易成为数据泄露和网络攻击的目标。

缺乏数据安全保障对企业产生直接的负面影响。财务数据是企业运营和决策的重要基础，如果这些数据受到非法访问、篡改或丢失，将严重影响企业的财务分析和决策过程。企业可能无法准确评估自身的财务状况，导致不当的决策和投资风险。此外，如果客户的个人信息和交易数据受到侵犯，企业的声誉和客户信任也会受到损害。客户可能会失去对企业的信心，转而选择其他更安全的竞争对手，这对企业的生存和发展都构成了威胁。

因此，缺乏数据安全保障对中小企业来说是一个严重的问题。虽然数据安全是一个复杂的领域，需要综合的技术、资金和人力资源来建立和维护，但中小企业应该意识到数据安全的重要性，并采取适当的措施来降低风险，包括寻求外部的安全专家咨询、加强员工的安全意识培训、采用安全性更高的软件和系统以及定期进行安全审计等。通过增强数据安全保障，中小企业可以更好地保护自己的财务数据和客户信息，确保业务的稳健运营并保持良好的声誉。

## 六、法规和税务压力

中小企业作为商业实体，同样需要遵守各项法规和税务规定，与大型企业面临相似的要求和挑战。然而，由于中小企业的资源有限，对法规和税务要求的理解和遵守可能面临更大的困难和压力。

### （一）复杂的法规要求

中小企业需要遵守各级政府制定的法规和规章，这些法规往往涉及财务报告、税务申报、雇佣劳动力、环境保护等多个方面。然而，由于中小企业通常缺乏专业的法务团队或财务人员，理解和遵守这些法规要求可能会面临困难。

财务报告要求。中小企业需要按照相关的会计准则和法规要求编制财务报告，包括编制资产负债表、利润表、现金流量表等，并遵循准确的会计原则和核算方法。然而，这些要求对于缺乏财务知识和经验的中小企业来说可能是复杂而烦琐的。企业可能需要进行培训或寻求专业帮助来确保财务报告的准确性和合规性。

税务申报要求。中小企业需要遵守税务部门制定的税收法规和规定，按时准确地申报和缴纳各类税费，包括增值税、所得税、印花税等。然而，税务规定常常变化频繁，而且对于不同行业和企业规模可能存在差异。中小企业可能需要耗费额外的精力和时间来理解和应对税务申报要求，以避免违规和罚款。

雇佣劳动力要求。中小企业在雇佣劳动力时需要遵守《中华人民共和国劳动法》规定的劳动合同、工资福利、工时管理等要求。这些规定对于确保劳动关系的合法性和员工权益的保护至关重要。然而，由于劳动法往往较为复杂，中小企业可能在了解和执行方面遇到困难。企业可能需要与劳动法律专家咨询，确保员工合同和劳动关系符合法规。

环境保护要求。中小企业在生产和经营过程中需要遵守环境保护法规，确保对环境的影响降到最低，这涉及废物处理、排放标准、环境影响评估等方面的要求。然而，环境保护法规通常要求企业具备相应的技术和资源，中小企业可能面临投资成本高、技术难度大的问题。企业可能需要采取措施来适应环境保护要求，如改进生产工艺、引入清洁能源等。

总体而言，中小企业在面对复杂的法规要求时可能面临一些挑战。为了确保合规运营，企业需要不断学习和适应相关法规，并可能需要借助外部专业人士的帮助。同时，政府和相关机构也应提供针对中小企业的指导和支持，降低企业遵守法规的难度，促进中小企业的可持续发展。

## （二）烦琐的税务程序

中小企业在财务管理中面临的一大挑战是烦琐的税务程序。税务程序涉及税收核算、税务申报、税务审计等环节，要求中小企业按时准确地申报税款，并遵循税务规定进行纳税。

多样化的税收政策。税收政策通常根据国家的法律和规定制定，而这些政策常常在不同时间和地区发生变化。对于中小企业而言，了解和遵守这些政策需要投入大量的时间和精力。税收政策的变化可能导致中小企业在纳税过程中面临挑战和困惑。

复杂的税务计算和申报。税务计算涉及各种税种的计算方法和税率，如增值税、所得税、印花税等。中小企业需要正确计算税款并按规定的时间提交纳税申报表。这要求企业具备一定的财务和税务知识，以确保准确性和合规性。然而，中小企业在财务和税务方面可能缺乏专业知识和技能，导致在税务计算和申报过程中出现困难。

高风险的税务审计。税务审计是税务部门对企业纳税申报和纳税义务的审核程序。税务部门会对中小企业的财务和税务记录进行审查，以核实企业的税务合规性。如果发现问题，企业可能面临罚款、滞纳金等后果。税务审计对中小企业而言是一项高风险的活动，需要企业保持准确、完整和合规的财务和税务记录，以避免潜在的税务风险。

## （三）高额的税务负担

对于规模相对较小的中小企业而言，经营利润和资金储备可能有限，对税务负担的承担能力也相对较低。税务规定可能会对中小企业征收各类税费，如企业所得税、增值税等。这些税费的缴纳对企业的现金流和利润状况可能产生直接影响。

财务压力。中小企业面临高额的税务负担，这对企业的财务状况造成了一定的压力。税费的缴纳要求企业支付一定比例的利润作为税款，减少了企业的可支配资金，限制了企业的资金储备和运营能力。税务负担过重可能导致企业难以为经营活动提供足够的资金支持，影响企业的正常运营和发展。

现金流压力。高额的税务负担对企业的现金流造成挑战。税费的缴纳通常需要一定的现金支出，而中小企业可能面临现金流紧张的情况。如果企业在缴纳税费时无法及时提供足够的现金，可能会面临罚款或其他法律后果。此外，税费的缴纳可能会导致企业现金流的波动，需要企业合理规划资金运作，以确保正常的日常经营和发展需要。

税收合规风险。中小企业在纳税过程中面临税收合规的风险。税务规定通常较为复杂，对于企业来说，理解和遵守这些规定可能是一项挑战。企业可能面临计算错误、报表填写不准确等问题，这可能导致纳税申报错误或违规，引发税务机关的审查和处罚。中小企业需要加强税收合规的意识和能力，确保纳税申报的准确性和合规性。

高额的税务负担对中小企业的经济可持续发展带来一定的挑战。中小企业可以采取一些措施来应对这个问题。例如，中小企业可以寻求税务专业人士的帮助，以确保遵守税法规定并最大程度地减少税务负担。此外，企业可以寻找合适的税收优惠政策和减免措施，以降低税务成本。另外，中小企业还可以通过加强财务规划和资金管理，优化经营决策和资源配置，以增加企业的经营效率和盈利能力，从而缓解税务压力。

### （四）不断变化的法规和税务政策

法规和税务政策的变化涉及税收政策、财务报告要求、公司法规定等方面。

税收政策的变化。政府为了适应经济和社会的发展，可能会对税收政策进行调整，包括税率、税收优惠、减税政策等方面。中小企业需要密切关注这些变化，了解新的税务政策对企业的影响，以及如何合规地申报纳税。

财务报告要求的变化。会计准则和财务报告要求也可能随着时间的推移而发生变化。中小企业需要掌握最新的会计准则和财务报告要求，确保财务报表的编制符合法规要求，涉及会计核算方法、报表格式、披露要求等方面的调整。

《中华人民共和国公司法》规定的变化。规定是指规范公司组织和运作的法律法规。这些法规可能会发生变化，包括公司注册要求、股东权益保护、董事责任等方面的调整。中小企业需要及时了解并遵守这些变化，以确保企业合规运营。

信息获取和适应能力的挑战。中小企业可能面临资源和信息获取的限制，导致对最新法规和税务政策了解不足。这可能使企业难以及时调整财务管理和税务策略，错过了一些有利的减税或优惠政策。中小企业需要积极寻找和利用信息渠道，与相关专业人士或机构保持沟通，以获取准确、及时的法规和税务政策信息。

中小企业在财务管理中需要面对不断变化的法规和税务政策。为了应对这一挑战，中小企业应加强对税收政策、财务报告要求和公司法规定的关注和了解，与专业人士或机构保持沟通，并灵活调整财务管理和税务策略，以确保企业的合规性和可持续发展。

综上所述，中小企业在法规和税务方面面临着与大型企业相似的要求，但由于资源有限，它们可能面临更大的挑战。为了保证企业的财务管理合规性，中小企业需要加强对法规和税务要求的理解，确保合规运营。与此同时，与专业的法务和财务人员或咨询机构合作，及时了解法规和税务政策的变化，以制定适应性的财务管理和税务策略，有助于中小企业在法规和税务方面表现良好。

　　了解和认识到这些中小企业财务的特点，有助于更好地理解中小企业面临的挑战，并为改善和创新财务管理提供针对性的建议和策略。

# 第二节　中小企业财务管理的基本内容

中小企业在全球经济结构中占据重要位置，特别是在促进就业、创新和地区发展方面发挥着关键作用。中小企业财务管理涉及方方面面的内容，复杂且烦琐，主要内容包括了解财务状况、决策支持、发现问题和改进经营、监控与控制、外部沟通和融资需求、持续改进和可持续发展等六个方面。此外，随着全球对环境、社会和公司治理（ESG）因素的重视日益提升，中小企业的财务管理也需要纳入对这些因素的考量，以实现长期的可持续发展。因此，从战略和操作层面上，深入探讨中小企业财务管理的各个基本内容，对于指导这些企业实现健康、稳定的发展具有重要意义。

## 一、了解财务状况

财务分析帮助中小企业了解其财务状况，包括资产、负债、利润和现金流等方面。通过分析财务数据，企业可以评估自身的健康状况和盈利能力。下面详细介绍财务分析在了解财务状况方面的重要性和应用方法。

### （一）资产状况分析

资产状况分析是一种评估企业财务健康状况的方法，通过对企业的资产负债表进行详细分析，可以揭示出企业的资产结构、规模和负债情况。资产状况分析关注的主要指标包括总资产、流动资产、非流动资产、总负债和所有者权益等。

总资产是指企业拥有的所有资源的总量，包括货币资金、固定资产、无形资产等。通过分析总资产的规模，可以了解企业的经营规模和发展潜力。

流动资产是指企业在短期内能够变现或消耗的资产，如现金、存货和应收账款等。流动资产的规模和比例可以反映企业的流动性和偿债能力，较高的流动资产比例通常表示企业具有较强的偿债能力和经营灵活性。

非流动资产是指企业长期持有并且不容易变现的资产，如固定资产和长期投资等。非流动资产的规模和结构可以反映企业的资本实力和长期发展潜力。

总负债是指企业目前应对外支付的债务总额，包括短期债务和长期债务。总负债的规模和比例可以反映企业的债务水平和偿债能力。如果总负债过高，企业可能面临偿债风险和财务压力。

所有者权益是指企业所有者对企业资产的所有权份额，包括股东权益和留存收益等。所有者权益的规模可以反映企业的净资产和净值。

通过对以上这些指标的分析，可以帮助企业判断其资产的流动性、安全性和可持续性。比如，如果企业的流动资产比例较高，说明企业有足够的流动资金应对短期债务；如果企业的非流动资产占比较高，可能表明企业更加注重长期发展和资本投资。

资产状况分析还可以评估企业的财务稳定性和风险承受能力。较高的总资产和所有者权益意味着企业拥有更多的资金来源和财务支撑，具备较强的稳定性和抵御风险的能力。相反，较高的负债水平可能增加企业的财务风险和偿债压力。

通过资产状况分析，企业可以了解自身的财务状况和经营实力，为决策提供依据。同时，也能够帮助投资者、债权人和其他利益相关者评估企业的风险和潜在回报，从而作出相应的决策。

## （二）利润状况分析

利润状况分析是一种通过分析企业的利润表来评估企业的盈利能力和经营效益的方法。利润表提供了关于企业销售收入、成本、利润和利润率等方面的详细信息，帮助我们全面了解企业的财务状况。

营业收入是企业通过销售产品或提供服务所获得的收入总额。通过分析营业收入的变化趋势，可以了解企业销售活动的表现。如果营业收入呈现增长趋势，说明企业的销售业绩良好，市场需求可能在增加。相反，如果营业收入下降，可能意味着市场竞争激烈或者企业面临销售困难。

营业成本是企业生产和销售产品所产生的直接成本，包括原材料成本、劳动力成本和制造成本等。通过比较营业成本与营业收入的比例，可以评估企业的成本控制能力。如果营业成本较低，说明企业能够有效管理生产成本，从而提高利润率。然而，高昂的营业成本可能会对企业的盈利能力产生负面影响。

毛利润是指企业的营业收入减去营业成本后的余额。它反映了企业销售产品或提供服务所获得的总利润。毛利润的变化可以帮助我们了解企业的盈利能力和核心业务的表现。如果毛利润呈现增长趋势，说明企业在销售过程中能够有效控制成本和定价策略。相反，如果毛利润下降，可能意味着成本增加或销售价格下降，从而影响企业的盈利能力。

净利润是指企业在扣除所有费用和税收之后所获得的最终利润。它是评估企业经营状况的重要指标之一。净利润的变化可以反映企业的经营效益和财务健康状况。如果净利润呈现增长趋势，说明企业的盈利能力不断提高。相反，如果净利润下降，可能意味着企业面临着利润压力或经营不善的情况。

利润率是指企业净利润与营业收入之间的比率。它是衡量企业盈利能力的重要指标之一，利润率的高低可以反映企业的经营效率和利润水平。高利润率意味着企业在销售过程中能够有效地转化营业收入为净利润，具有较高的盈利能力。相反，低利润率可能意味着企业存在着成本过高或销售价格过低的问题。

通过利润状况分析，企业可以评估自身的盈利能力和经营效益，了解盈利能力的来源和变化趋势，有助于企业制定合理的经营决策，优化成本结构，提高利润率，从而实现持续的盈利增长。

## （三）现金流状况分析

现金流状况分析是一种重要的财务分析方法，通过对企业的现金流量表进行详细的分析，可以提供有关企业现金收入和支出情况的全面了解。现金流量表记录了企业在特定时期内的现金流动情况，包括经营活动、投资活动和筹资活动等方面。

在现金流状况分析中，经营活动现金流量是一个关键指标。它反映了企业主要业务活动所产生的现金流入和流出情况，例如销售商品或提供服务所收到的现金、支付给供应商和员工的现金等。通过分析经营活动现金流量，可以评估企业的盈利能力和经营效率，了解企业的销售和采购情况，以及现金管理的状况。

再一个重要指标是投资活动现金流量，它反映了企业在购买和出售资产、投资项目以及其他与投资相关的活动中所产生的现金流动情况。投资活动现金流量的分析可以帮助企业了解其资本支出情况，评估企业的投资决策和项目收益率，以及预测未来的投资需求。

筹资活动现金流量是另一个关注的指标，它反映了企业在筹集资金和偿还债务等方面所产生的现金流动情况。筹资活动现金流量的分析可以帮助企业了解其融资状况，评估企业的偿债能力和财务稳定性，以及预测未来的融资需求。

通过对这些现金流量指标的分析，企业可以了解其现金流入和流出的情况，评估企业的现金流量稳定性和流动性，并判断企业是否具备足够的现金流量来满足运营和发展需求。这对企业的经营决策和财务管理非常重要，可以帮助企业制订合理的资金计划和预算，并及时采取必要的措施来调整现金流状况，确保企业的稳定运营和可持续发展。

综上所述，通过财务分析，中小企业可以全面了解自身的财务状况，并借此为决策和管理提供依据。财务分析可以通过资产状况、利润状况和现金流状况等方面的分析来评估企业的财务健康状况和盈利能力。中小企业可以采用比率分析、趋势分析和竞争对比等方法来进行财务分析，以获得更全面和准确的财务信息。

## 二、决策支持

财务分析提供了决策所需的重要信息。通过对财务数据的分析，企业管理层可以作出关键决策，如投资决策、融资决策和运营决策等。这些决策对企业的发展至关重要。

### （一）投资决策

投资决策在企业发展中具有重要的意义。企业需要进行深入的财务分析，以便评估潜在投资项目的可行性和潜在风险。财务分析通过对企业的财务数据进行细致的研究和评估，为企业提供关键的信息和指导。

首先，企业可以通过对现金流量的分析来评估投资项目的盈利能力。现金流量是企业获得的现金流入和流出的量化指标。通过分析投资项目的预期现金流量，企业可以估计项目的收入和支出，从而判断项目是否能够带来盈利。如果投资项目的现金流量预测积极，企业可能会倾向于进行投资。

财务比率的分析也是投资决策的重要组成部分。财务比率是通过对企业的财务报表进行计算得出的指标，用于评估企业的财务状况和经营绩效。例如，利润率比率可以衡量企业获利能力的强弱，偿债比率可以评估企业的偿债能力。通过分析这些财务比率，企业可以更好地了解投资项目的风险水平和预期回报。

最后，财务报表的分析对于投资决策至关重要。财务报表包括资产负债表、利润表和现金流量表等，提供了企业财务状况的全面概览。通过仔细研究财务报表，企业可以了解企业的资产结构、利润状况和现金流动情况。这些信息对于评估投资项目的可行性和潜在风险至关重要。

### （二）融资决策

融资决策是企业中至关重要的一个环节。在作出融资决策之前，进行财务分析是必不可少的步骤。通过对企业的财务数据进行分析，能够提供有关融资需求和融资能力的评估，帮助企业确定最合适的融资方式和融资规模。

首先，财务分析可以揭示企业的偿债能力。通过对企业的负债情况进行评估，可以确定企业是否有足够的能力偿还债务。这对于选择合适的融资渠道至关重要，因为企业需要确保新的融资不会给其偿债能力带来过大的压力。

其次，财务分析能帮助企业了解债务结构。债务结构涉及企业融资的比例和种类。通过分析企业的债务结构，企业可以评估当前的财务状况，并据此作出决策，选择合适的融资方式。不同的债务结构可能会对企业的融资决策产生不同的影响，因此了解债务结构对于作出明智的融资决策至关重要。

最后，财务分析还能帮助企业评估利息支付能力。企业在融资过程中通常需要支付利息。通过分析企业的财务状况，特别是其利润和现金流状况，可以确定企业是否有足够的能力按时支付利息。这对于选择合适的融资条件非常重要，因为高利率和不利的融资条件可能会增加企业的财务负担。

## （三）运营决策

在企业运营决策中，财务分析扮演着至关重要的角色。通过对财务数据的详细分析，企业能够全面了解其运营活动的成本、效率和盈利能力等方面的情况。财务分析提供了一种客观的方法，使企业能够评估其不同产品线的盈利贡献度，并根据这些数据作出决策，判断是否应该继续生产和销售特定产品。

通过财务分析，企业能够对其成本结构进行优化。通过深入分析各项成本，企业可以确定哪些成本是高昂的、不必要的或者可以被降低的。这有助于企业提高效率，降低成本，从而提升其整体运营效果。

财务分析还能够帮助企业改进现金流管理。通过对现金流量的分析，企业可以了解现金流入和流出的情况，从而制定更好的资金管理策略，确保企业在日常运营中有足够的资金支持，并能够灵活应对突发的资金需求。

财务分析还可以帮助企业提高利润率。通过分析财务数据，企业可以识别利润率低下的部门或产品，并采取相应的措施来提高其盈利能力。这可能包括削减不必要的开支、提高销售价格、增加销售量或寻找新的市场机会。通过这些措施，企业可以增加利润，增强其竞争力，并为未来的运营决策提供更多的经验和资源。

财务分析不仅提供了决策所需的数据和信息，还为企业管理层提供了决策的依据和指导。通过财务分析，管理层可以深入了解企业的财务状况和经营绩效，识别问题和机会，并制定相应的方案。财务分析的结果和结论可以为决策者提供客观的依据，减少主观判断和风险，增加决策的科学性和准确性。

然而需要指出的是，财务分析虽然为决策提供了重要的支持，但它也有一定的局限性。财务数据只是企业运营的一部分，无法完全反映企业的战略、市场、技术等方面的情况。因此，在进行决策时，企业管理层还需要综合考虑其他因素，如市场趋势、竞争环境和行业前景等，以作出全面和有效的决策。

综上所述，财务分析在中小企业的决策过程中发挥着重要的作用。它为企业的投资决策、融资决策和运营决策提供了重要的数据和信息，帮助企业管理层作出明智和有效的决策，促进企业的发展和壮大。然而，财务分析仅是决策的一部分，企业管理层还需要考虑其他因素，以制定全面和综合的决策方案。

## 三、发现问题和改进经营

财务分析在中小企业中扮演着重要的角色，有助于发现企业存在的问题和潜在风险，并提供改进经营的方向和措施。

### （一）识别财务绩效不佳的领域

企业通过财务指标和比率的分析，可以识别出财务绩效不佳的领域。财务指标和比率是衡量企业财务状况和业绩的重要工具，通过对这些指标进行深入分析，企业可以获得关键信息，帮助其确定哪些领域存在问题。

首先，通过比较不同业务部门或产品线的盈利能力和贡献度，企业可以确定哪些部门或产品线的财务绩效较差。盈利能力指标如毛利润率、净利润率等可以显示出企业在不同部门或产品线上的盈利水平。如果某个部门或产品线的盈利能力明显低于其他部门或产品线，那么它很可能是一个财务绩效不佳的领域。贡献度指标如销售额、利润贡献等可以显示出不同部门或产品线对整体业绩的贡献程度，进一步帮助企业确定问题领域。

其次，通过分析利润率、资产回报率、偿债能力等指标，企业可以发现潜在的财务问题。利润率是企业盈利能力的重要指标，如果利润率持续下降，说明企业的盈利能力出现了问题。资产回报率反映了企业有效利用资产的能力，如果资产回报率较低，表示企业的资产利用率不高，可能存在效率低下的问题。偿债能力指标如流动比率、速动比率等可以显示出企业偿债能力的强弱，如果偿债能力不足，企业可能面临偿债风险。

通过对这些指标的分析，企业可以识别出财务绩效不佳的领域。这些领域可能存在多种问题，如部门管理不善、产品线不具竞争力、成本控制不当、市场需求下滑等。识别出这些问题领域对企业至关重要，因为它们可能导致企业整体业绩下滑，甚至影响到企业的生存和发展。因此，及时发现并解决财务绩效不佳的领域对企业来说至关重要。

## （二）探索问题的根本原因

财务分析是一种重要的工具，不仅可以发现问题，还可以帮助企业深入分析问题的根本原因。通过对财务数据的详细分析，企业能够揭示问题的来源和影响因素，从而获得更全面的洞察力。

一方面，通过对成本结构和成本变动趋势的分析，企业可以了解到哪些成本项目对盈利能力产生了负面影响。例如，企业可能会发现某个特定成本项目的增长导致了盈利能力的下降。这种分析可以帮助企业确定成本控制的重点领域，以便采取相应的措施来减少不必要的开支，提高盈利能力。

另一方面，通过对现金流量状况和债务结构的分析，企业可以发现导致偿债能力不足的原因。例如，企业可能会发现现金流不足以支付债务，或者债务结构不合理导致偿债压力过大。这种分析可以帮助企业认识到问题的本质，可能是经营活动不善或财务战略不当。企业可以根据这些发现来采取相应的措施，例如优化现金管理、改善资本结构或者寻求债务重组，以提高偿债能力和财务稳定性。

通过深入分析问题的根本原因，企业可以更好地理解其经营状况和财务状况，并能够针对性地采取改进措施。财务分析为企业提供了一种客观、科学的方法来识别问题，并帮助企业管理层作出明智的决策。通过利用财务分析的结果，企业可以更有效地规划和执行战略，以提高经营绩效，增强竞争力，并实现可持续发展。

### （三）提供改进经营的方向和措施

财务分析在改进企业经营方向和措施方面起着重要的作用。一方面，通过对企业的财务数据进行分析，可以确定需要改进的方面和重点。这种分析可以帮助企业识别盈利能力较差的问题，并提供相应的解决方案。例如，如果财务分析显示企业的盈利能力较低，企业可以考虑降低成本，通过提高效率和减少费用来改善盈利状况。此外，企业还可以通过提高销售价格或寻找新的盈利机会来增加收入。

另一方面，财务分析也可以揭示企业现金流状况的稳定性。如果财务分析显示企业的现金流不稳定，企业可以采取一系列措施来改善现金流管理。例如，优化应收款项的回收过程，加强与客户的沟通和合作，以确保款项按时到账。此外，还可以减少存货和固定资产的成本，以减少现金流的负担。

财务分析不仅提供了改进方向，还为企业的决策提供了依据。通过对财务数据的细致分析，企业可以更好地了解自身的财务状况和经营绩效。这些洞察可以帮助企业制定更有针对性的改进决策，例如调整经营策略、优化业务流程或进行战略投资。财务分析提供的数据和信息可以帮助企业预测未来的趋势和风险，并采取相应的措施来规避潜在的问题。

### （四）监控改进效果

监控改进效果是财务分析的一个重要应用领域。通过定期进行财务分析，企业能够评估已实施的改进措施是否取得了预期的成效，并在需要时进行及时调整和改进。财务指标和比率的比较是一种常用的方法，用于评估改进措施的影响。

企业可以通过比较不同时间段的财务指标和比率来评估改进措施的效果。通过观察这些指标和比率的变化，企业能够了解改进措施对企业财务状况的影响程度。如果财务指标和比率呈现积极的变化，表明改进措施取得了良好的效果，企业可以决定继续保持并加以巩固这些措施。如果改进措施没有达到预期的效果，企业就需要考虑调整策略和采取新的改进措施。

财务分析可以帮助企业发现哪些方面需要改进，以及如何调整现有的策略。例如，企业可以通过分析财务数据来确定造成改进措施效果不佳的具体原因，如成本增加、销售下降或者利润减少等。这些分析结果可以为企业制定新的改进措施提供参考依据。

财务分析还可以帮助企业发现潜在的风险和问题。通过仔细分析财务数据，企业能够识别出可能导致财务状况恶化的因素，并及时采取措施来解决这些问题。例如，财务分析可能揭示出企业的现金流问题、债务过高或者运营效率低下等风险，从而引导企业采取相应的措施来解决这些问题。

综上所述，财务分析对于发现中小企业存在的问题和潜在风险，以及改进经营具有重要的作用。通过财务分析，企业可以识别出财务绩效不佳的领域，并深入分析问题的根本原因。同时，财务分析为企业提供了改进经营的方向和措施，并监控改进效果。因此，中小企业应当重视财务分析的应用，将其作为管理决策和经营改进的重要工具，以提高企业的竞争力和可持续发展能力。

## 四、监控与控制

财务分析提供了监控和控制企业绩效的手段。通过定期进行财务分析，企业可以跟踪和评估自身的财务绩效，并及时采取纠正措施，确保企业在正确的轨道上运营。

## （一）监控绩效

监控绩效是企业管理中的一个重要环节，而财务分析是一种有效的工具，用于监控和评估企业的经营绩效。通过对财务数据和指标的分析，企业可以获得关键的信息，了解其财务状况和业务表现。

财务分析的一项重要任务是将当前的财务数据与历史数据进行对比。通过对比分析，企业可以观察到财务指标的变化趋势，并及时发现异常情况。例如，如果某个财务指标呈现不断下降的趋势，企业就需要警惕可能存在的问题，并采取相应措施加以解决。此外，将当前的财务数据与行业平均水平或竞争对手的数据进行比较，可以帮助企业了解自身所在行业中的竞争地位和相对优势。

财务分析还可以帮助企业了解其销售收入、利润和现金流等方面的情况。通过对这些财务指标的分析，企业可以确定其盈利能力和现金流状况是否符合预期。如果发现销售收入低于预期或行业平均水平，企业可以进一步分析销售渠道、市场竞争等因素，找出导致销售收入较低的原因，并采取相应的措施来提升销售业绩。同样地，如果利润率下降，企业可以通过财务分析找出造成利润下降的因素，并制定适当的策略来改善盈利能力。

## （二）控制绩效

控制绩效是企业管理中至关重要的一个方面，而财务分析在这个过程中扮演了重要的角色。财务分析不仅仅是为了了解企业的财务状况，还可以帮助企业监控和控制绩效，并提供一些手段来改进业务的运营。

通过财务分析，企业可以确定关键绩效指标，例如销售额、成本控制、利润等，并制定相应的控制目标。企业可以设定每月的销售目标，通过财务分析来评估实际绩效是否达到目标。如果销售额低于预期，企业可以对销售策略进行调整；如果成本超出控制目标，企业可以重新评估采购和成本管理的方式；如果利润不达标，企业可以考虑改进经营模式或削减开支。

财务分析还可以帮助企业发现业务运营中的问题和短板，从而及时采取控制措施。通过分析财务数据，企业可以发现一些异常指标，例如库存周转率过低或坏账率上升。这些异常情况可能意味着存在库存管理不善或应收账款管理不善的问题。对于库存周转率过低，企业可以加强库存管理，例如优化采购计划、减少过剩库存等。对于坏账率上升，企业可以加强应收账款的管理和催收措施，例如改进信用销售政策、加强与客户的沟通等。

## （三）纠正措施

纠正措施在财务分析中扮演着重要的角色，其目的在于帮助企业发现问题并及时采取行动。通过对财务数据进行分析，企业可以发现导致财务绩效下降或不达标的原因，并相应地制订纠正计划。

举例来说，假设财务分析显示企业的资金周转速度较慢，这可能是由于应收账款回收不及时。在这种情况下，企业可以采取一系列纠正措施来改善情况。首先，可以优化催收流程，确保欠款能够及时回收。其次，加强与客户的沟通，提醒他们履行付款义务，以加快账款回收速度。此外，还可以加强对应收账款的管理，确保账款记录准确无误，防止遗漏或错误的发生。

财务分析还可以揭示企业成本占比较高的问题。在这种情况下，企业可以采取一系列措施来控制成本。例如，优化采购流程可以帮助企业获得更好的采购价格，从而降低采购成本。此外，企业还可以寻找生产成本的节约措施，例如改进生产工艺、提高生产效率、优化资源利用等，以降低生产成本。

通过财务分析所提供的信息，企业能够清楚地了解问题的根源，并制定具体的纠正措施，以确保企业朝着正确的方向运营。财务分析的结果可以为企业的决策和管理提供依据，推动企业采取积极的行动来改善财务绩效。无论是改进内部流程，加强与客户的合作关系，还是优化资源利用，财务分析的纠正措施可以帮助企业实现财务状况的稳步提升，并为持续的增长奠定基础。

总之，财务分析在中小企业中具有重要的监控与控制作用。通过定期进行财务分析，企业可以及时了解自身的财务状况，识别出问题和风险，并采取纠正措施，以保持企业的良好经营绩效。

## 五、外部沟通和融资需求

### （一）辅助决策

财务分析在中小企业的辅助决策中扮演着重要角色。它通过对企业的财务数据进行分析，向管理层提供关键的信息和数据，从而帮助他们作出正确的决策。

首先，财务分析可以帮助管理层评估企业的盈利能力。通过分析财务报表和利润表等数据，管理层可以了解企业的销售收入、成本和利润情况。他们可以计算出利润率、毛利率和净利润率等指标，以评估企业的盈利能力。这些指标可以揭示企业的盈利趋势和潜在的利润增长机会，帮助管理层制定相关战略，如推动销售增长、降低成本或改进产品定价策略等。

其次，财务分析对于评估企业的偿债能力也是至关重要的。管理层可以通过分析财务报表等数据，了解企业的债务水平、偿债能力和财务稳定性。例如，他们可以计算出债务比率、流动比率和速动比率等指标，以评估企业的债务偿还能力。这些指标可以帮助管理层确定企业是否能够按时偿还债务，避免财务风险，并制定相应的资金管理策略。

最后，财务分析还可以提供关于企业成长潜力的信息。通过对财务数据的分析，管理层可以了解企业的收入增长率、市场份额和资本投资回报率等指标。这些指标可以帮助管理层判断企业当前的成长状态，并为未来的发展制订相应的计划。如果企业的收入增长率较高，管理层可以考虑扩大市场份额或增加生产能力来支持进一步的增长。

### （二）优化资源配置

优化资源配置是中小企业管理中的一个重要方面。通过进行财务分析，企业可以深入了解不同业务部门或项目的盈利能力和贡献度，进而帮助企业更好地分配资源，包括资金和人力，从而提高整体效益。

财务分析的一个重要作用是揭示业务部门或产品线的盈亏情况。通过对财务数据的分析，企业可以确定哪些业务部门或产品线是亏损的，哪些是盈利的。这可以为企业提供重要的决策依据。如果某个项目一直处于亏损状态，企业可以考虑进行战略调整或撤离该领域，以减少损失并集中资源在盈利的领域。这样的战略调整可以帮助企业减少进一步的亏损，提高整体的经营效果。

财务分析还可以揭示业务部门或产品线的贡献度。通过对财务数据的分析，企业可以确定哪些业务部门或产品线对整体利润的贡献最大，可以帮助企业更有针对性地分配资源，将更多的资金和人力投入贡献度较高的业务部门或产品线中，以进一步提高企业的整体效益。

在资源配置的过程中，中小企业还可以通过财务分析来了解不同业务部门或项目的成本和效益。通过对成本和效益的比较，企业可以评估各个业务部门或项目的投资回报率，从而更好地决策如何分配资源。例如，企业可以将更多的资源投入高投资回报率的业务部门或项目中，以实现更好的经济效益。

## （三）风险评估与控制

风险评估与控制在中小企业的运营中扮演着重要的角色。财务分析是一种常用的工具，可帮助企业评估和控制潜在的风险。通过对财务指标和比率进行深入分析，企业可以发现可能存在的财务风险，如债务过高、现金流不稳定等。

通过财务分析，企业能够获得对财务状况的全面了解。借助各种财务指标和比率，企业能够识别出可能导致潜在风险的因素。举例来说，当企业的债务超过其可承受范围时，可能会面临偿债压力和信用风险。此外，若现金流不稳定，企业可能无法按时支付账单、采购原材料或扩展业务。

一旦潜在的风险被识别出来，企业可以采取相应的措施来控制风险并确保企业的稳定发展。例如，企业可以减少债务负担，通过还款或重新协商债务条件来降低偿债风险。此外，改善现金流管理也是控制风险的重要一环。企业可以通过优化应收账款和应付账款的管理，合理安排资金的流入和流出，以确保现金流的稳定性和充足性。

财务分析还可以帮助企业预测未来的风险，并采取预防性的措施来降低其影响。通过对历史财务数据的分析，企业可以发现潜在的趋势和模式，从而预测可能的风险和挑战。企业可以根据这些预测，采取相应的风险控制措施，例如制订备用计划、建立紧急储备金或寻找多样化的收入来源。

### （四）监控经营绩效

监控经营绩效是中小企业评估自身经营状况的重要环节。其中，财务分析是一种常用的工具，能够帮助企业了解自身的经营状况以及与行业平均水平或竞争对手相比的竞争力。

通过对比历史数据，企业可以观察到自身经营状况的变化趋势。这样的比较可以揭示出企业在不同时间段内的经营表现，帮助企业了解自身的强项和薄弱环节。此外，企业还可以将自身的数据与行业平均水平进行对比，以确定自身所在行业中的位置和竞争优势。通过对竞争对手数据的分析，企业可以了解到对手的策略和市场表现，进而评估自身在市场中的竞争力。

财务分析还能够帮助企业发现存在的问题。通过对财务数据的深入研究，企业可以识别出财务指标的异常情况或不足之处，包括资金流动性不足、成本过高、利润率下降等。通过及时发现这些问题，企业可以采取纠正措施，避免问题进一步扩大，并为经营绩效的提升创造条件。

除了发现问题，财务分析还能为企业提供潜在的改进机会。在分析财务数据的过程中，企业可以发现一些潜在的经营改善方向。例如，通过比较不同产品线或不同市场的贡献利润，企业可以判断哪些产品或市场是最有利可图的，从而调整经营策略和资源配置。此外，财务分析还可以揭示出企业运营过程中的效率问题，帮助企业改善生产流程、降低成本，以提高整体经营效率。

总之，监控经营绩效通过财务分析可以帮助企业全面了解自身的经营状况和竞争力。通过比较历史数据、行业平均水平或竞争对手的数据，企业可以及时发现存在的问题和潜在的改进机会，从而提高经营绩效并保持竞争优势。财务分析结果可以为中小企业树立良好的形象，并提供给外部利益相关者对企业的信心，同时，它还为企业的融资活动提供有力的支持和依据。因此，在进行财务分析时，中小企业应该注重准确性、完整性和可靠性，并及时向外界沟通和展示分析结果，以获取更多的机遇和资源支持。

## 六、持续改进和可持续发展

财务分析为中小企业提供了持续改进和可持续发展的依据。通过分析财务数据，企业可以识别出改进和提高效率的机会，并制订相应的计划，实现长期可持续的发展。

### （一）识别改进机会

识别改进机会是企业在财务分析过程中的一个重要步骤。财务数据包含了企业运营的方方面面，包括收入、支出、利润、资产和负债等。通过对这些数据的深入分析，企业可以揭示出隐藏在运营过程中的潜在问题和瓶颈。

一个常见的改进机会是通过比较不同生产线的成本来找出低效率的区域。通过对不同生产线的成本数据进行对比和分析，企业可以发现哪些生产线的成本较高，从而采取相应的措施来提高效率，减少成本。

另一个可以通过财务分析来识别的改进机会是分析销售渠道的利润贡献。企业通过不同的销售渠道销售产品或服务，每个销售渠道可能会对企业的利润产生不同的贡献。通过对销售渠道的利润数据进行细致的分析，企业可以确定哪些销售渠道的利润较高，哪些渠道可能存在问题或需要改进。这样，企业可以调整销售策略，优化资源配置，以提高整体利润水平。

财务分析还可以帮助企业识别其他各个方面的改进机会。例如，通过分析资产负债表，企业可以了解到是否存在过多的闲置资金，是否可以优化资产配置来提高回报率。通过分析利润表，企业可以找出哪些费用是不必要或可以降低的，以减少支出和提高利润。此外，财务分析还可以揭示出企业运营中的风险和不稳定因素，从而为企业提供预警和改进的机会。

## （二）制定改进策略

制定改进策略是企业管理中的重要环节，财务分析在此过程中扮演着关键的角色。财务分析通过对企业的财务数据进行详细的评估和分析，为企业提供了评估不同改进策略的依据和参考。

一方面，财务分析可以帮助企业评估不同改进策略对利润的影响。通过对财务数据的分析，企业可以了解当前的盈利情况以及各项费用的构成和利润的分配情况。在此基础上，企业可以对不同的改进策略进行预测性分析，估算出每种策略对利润的影响程度。这有助于企业选择能够带来最大利润增长的改进策略，从而提高企业的经济效益。

另一方面，财务分析还可以评估不同改进策略对现金流的影响。现金流是企业经营活动中的重要指标，对企业的资金状况和偿债能力具有重要影响。通过财务分析，企业可以了解不同改进策略对现金流的影响，包括增加现金流的途径和减少现金流的风险。这有助于企业制定合理的改进策略，确保企业在运营过程中能够保持良好的资金流动性，以应对各种经营挑战和机遇。

财务分析还可以评估不同改进策略对资产回报率的影响。资产回报率是衡量企业资产利用效率的重要指标，它反映了企业在运营活动中所获得的回报与所投入资产的关系。通过财务分析，企业可以比较不同策略下的资产回报率，并选择那些能够提高资产回报率的改进策略。这有助于企业优化资产配置，提高资产利用效率，实现更好的经济效益和财务回报。

## （三）监控改进效果

监控改进效果是企业在实施各种改进措施后的重要环节，财务分析在这个过程中起到了关键的作用。通过对财务数据的比较，企业可以了解改进措施的实际影响，并根据情况及时进行调整和优化。

财务指标是评估企业绩效和改进效果的重要指标之一。企业可以通过比较财务指标的变化来评估改进措施的效果。例如，如果企业实施了成本降低措施，可以通过比较前后的成本数据来了解成本是否得到了有效控制。如果成本降低幅度较大，那么可以得出改进措施取得了良好效果的结论。同样地，如果企业推出了新产品，可以通过比较销售额和净利润等财务指标的变化来评估市场对新产品的反应程度。如果销售额和净利润出现增长，那么可以得出新产品取得了成功的结论。

财务分析还可以帮助企业确定进一步的改进方向。通过分析财务数据，企业可以发现存在的问题和潜在的机会。例如，如果企业发现某个产品线的利润持续下滑，可以通过财务分析找出导致这种情况的原因，然后采取相应的改进措施。另外，财务分析还可以揭示出企业的财务状况和健康度，从而为企业制定下一步的战略和发展方向提供参考。

### （四）实现可持续发展

实现可持续发展对于企业来说至关重要。财务分析在这一过程中发挥着重要的支持作用。通过对财务数据进行分析，企业能够评估自身的盈利能力、偿债能力和现金流状况等方面的情况。这种分析有助于企业制定长期的发展战略和规划，并确保资金的合理利用、债务的控制以及投资的选择等方面的可持续性。

首先，财务分析帮助企业评估盈利能力。通过分析利润和损益表以及其他相关财务指标，企业能够了解其盈利情况和利润来源，使企业能够确定其核心业务的盈利潜力，并作出相应的调整和决策，以实现持续的利润增长。

其次，财务分析有助于评估企业的偿债能力。通过分析资产负债表和现金流量表等财务报表，企业可以了解其债务水平和偿还能力，使企业能够管理债务风险，确保能够按时偿还债务，并维持良好的信用记录。

再次，财务分析还可以帮助企业评估现金流状况。通过分析现金流量表，企业可以了解资金的流入和流出情况，包括经营活动、投资活动和筹资活动等，有助于企业确保有足够的现金流来支持日常运营和未来的发展需求，以保持财务稳定和可持续性。

最后，财务分析能够帮助企业识别潜在的风险和挑战。通过对财务数据的分析，企业可以发现市场变化和竞争压力所带来的潜在风险，并采取相应的措施来应对这些挑战，包括调整业务模式、改进产品或服务、开拓新市场等，以保持竞争力和可持续性。

通过持续的财务分析和改进，中小企业可以不断优化运营、提高竞争力，并实现可持续的发展。然而，需要注意的是，财务分析仅是改进和发展的一部分，还需要与其他管理手段相结合，如市场调研、人力资源管理、产品创新等，共同推动企业的成功和可持续发展。同时，企业还应注意财务分析的全面性和准确性，确保基于可靠的数据和信息作出决策，并及时调整策略以适应不断变化的市场环境和竞争态势。

总之，财务分析为中小企业提供了持续改进和可持续发展的依据。通过对财务数据的分析和评估，企业可以识别改进机会、制定改进策略、监控改进效果，并实现长期可持续的发展目标。财务分析应与其他管理手段相结合，全面考虑企业的内外部环境，为企业的成功提供有效的支持。

# 第三节  中小企业财务管理改革创新注意事项

## 一、厘清改革创新的目标与定位

财务管理改革创新是一项重要的任务，而在开始这项任务之前，必须明确改革的目标和定位。这是因为改革的范围广泛，涉及多个方面，包括制度建设、流程优化和技术应用等。因此，在确定改革目标时，需要全面考虑企业的实际情况和需求。

首先，厘清改革的范围。财务管理改革创新涉及财务制度、财务流程、财务技术等多个方面。制度建设涉及建立完善的财务规章制度、明确职责和权限等；流程优化包括财务核算、报表编制、审批流程等的简化和改进；技术应用指引入新的财务管理软件或系统，提高财务管理的效率和准确性。在明确改革的范围时，需要对这些方面进行全面的考虑和界定。

其次，确定改革的重点。在财务管理改革中，有时候需要分阶段进行，而不是一次性改革所有方面。因此，需要明确改革的重点，确定哪些方面是最需要改革和创新的。这可以通过对企业现有财务管理状况的分析和评估来确定，找出存在的问题和痛点，将资源和精力集中在最需要改善的领域上，以取得最大的改革效果。

最后，设定期望的成果。改革的目标应该是明确的、可衡量的，并能够对企业产生积极的影响。例如，改革的目标可以是提高财务管理的效率、降低成本、增强财务信息的准确性和及时性、加强内部控制等。通过设定这些期望的成果，可以为改革提供明确的指引和衡量标准，同时也可以作为改革成功与否的评判依据。

## 二、加强组织和领导

加强组织和领导是在进行财务管理改革创新过程中必不可少的一项工作。为了确保改革创新的顺利进行，企业的高层领导必须给予足够的重视和支持。为此，可以考虑建立一个专门负责推动改革创新的小组或委员会，并明确其职责和权限。

这个专门小组或委员会可以由具备相关经验和知识的人员组成，他们全面了解企业的财务管理现状和面临的问题，具备推动改革创新的能力。他们可以制订改革的目标和计划，并监督改革过程的执行情况。此外，他们还可以协调各个部门之间的合作，促进信息的共享和沟通，以便形成内外部多方合力，共同推动改革创新的进程。

在建立专门小组或委员会的同时，还需要明确其职责和权限，包括确定改革创新的范围和目标、制定相关政策和规定、监督改革的实施情况、评估改革的效果等。通过明确职责和权限，可以确保改革创新工作的有序进行，避免出现决策混乱或责任不明的情况。

加强内外部沟通也是推动改革创新的重要环节。内部沟通可以促进各个部门之间的协作和信息的共享，避免信息孤岛和信息不对称的情况。外部沟通则可以与相关的利益相关方进行交流和合作，获取外部资源和支持，为改革创新提供更多的机会和可能性。通过加强内外部沟通，可以形成多方合力，使改革创新能够顺利进行，取得更好的效果。

## 三、引入先进技术和工具

引入先进技术和工具是一种有效的方法，可以提高中小企业财务管理的效率和准确性。在现代信息技术的帮助下，企业可以更好地管理和处理财务事务，以适应竞争激烈的商业环境。

　　一种常见的先进技术是应用财务软件系统。它具有强大的功能，能够自动化财务流程，减少烦琐的手工操作。例如，自动记录和分类财务交易，生成准确的财务报表和账目，节省时间和人力成本。通过使用财务软件系统，企业可以更加高效地处理财务事务，减少错误和避免重复工作。

　　数据分析工具也是提高中小企业财务管理效率的重要工具。通过对财务数据进行深入的分析，企业可以获得更全面的财务洞察，并作出更明智的决策。数据分析工具可以帮助企业识别趋势和模式，发现潜在的问题和机会，并提供预测性的分析结果。借助这些工具，企业可以更好地了解自身的财务状况，为未来的发展制定合理的财务战略。

　　引入在线金融服务也是中小企业财务管理的一种重要方式。在线金融服务提供了便捷的财务工具和服务，使企业能够更好地管理资金的支付和收款。例如，企业可以通过在线支付平台实现快速、安全的交易，简化传统的纸质支付流程。同时，在线金融服务还可以提供实时的财务信息，帮助企业及时了解资金的流动和账户的余额。

## 四、重视内部控制和风险管理

　　中小企业财务管理改革创新的一个重要目标是提升内部控制和风险管理水平。内部控制是指组织在运作过程中采取的一系列措施和制度，旨在确保财务活动的合规性、准确性和可靠性。通过建立健全的内部控制制度，中小企业可以有效地监控和管理财务流程，确保各项财务活动符合法规要求，并减少潜在的错误、失误或欺诈行为的发生。

　　财务流程是中小企业财务管理的核心环节，涉及资金的收支、会计核算、报表编制等方面。建立健全的财务流程，可以使企业的财务活动有条不紊地进行，确保财务数据的准确性和完整性。审批机制是财务流程中的一个重要环节，它涉及对各项财务活动的审查和批准。建立规范的审批机制可以确保财务活动符合内部政策和程序，并减少滥用职权或违规行为的风险。

风险评估是中小企业财务管理中的关键步骤。通过对各种财务风险进行全面的评估，企业可以识别潜在的风险因素，并采取相应的措施进行应对。财务风险包括市场风险、信用风险、流动性风险等各种不确定性因素，对这些风险进行有效的评估可以帮助企业制定合理的财务规划，降低财务风险对企业的影响。

内部审计是中小企业财务管理中的重要环节。通过内部审计，企业可以对财务活动进行全面的检查和评估，发现潜在的问题和风险，并提出改进建议。内部审计可以帮助企业改进内部控制制度，加强财务管理的效果和效率，并确保企业的财务安全和稳定。

## 五、注重人才培养和激励

在财务管理改革创新过程中，注重人才培养和激励起着关键作用。为了顺利实施改革创新，企业需要拥有具备相应知识和技能的人才队伍。因此，企业应该重视培养和吸引财务管理方面的专业人才，并采取措施来保持他们的稳定性，激发他们的积极性。

首先，企业需要重视人才培养。这意味着要通过培训和教育机制，提供必要的知识和技能，以使员工在财务管理领域具备所需的能力。培养过程应注重实践和应用，使员工能够将所学知识运用到实际工作中。此外，培养还应与企业的具体需求相结合，以确保培养出来的人才能够适应企业的实际情况。

其次，为了吸引和留住人才，企业需要提供良好的激励机制。包括薪酬福利、晋升机会、职业发展规划等方面的激励措施。通过给予合理的薪酬和福利待遇，企业可以吸引更多的优秀人才加入，并激励他们为企业的财务管理改革创新做出积极贡献。同时，提供晋升机会和职业发展规划，可以让员工看到自己在企业中的发展前景，增强他们的工作动力和归属感。

最后，加强培训和知识分享。通过组织内部培训和外部学习交流活动，可以提高全体员工对财务管理改革创新的理解和支持度，有助于打破部门之间的信息壁垒，促进知识和经验的共享。员工之间的交流和合作将推动财务管理改革创新的实施，并为企业带来更好的业绩。

## 六、持续监测和评估改革效果

持续监测和评估改革效果是确保改革创新取得成功的关键步骤之一。改革是一个复杂的过程，涉及许多变量和因素，因此，仅仅实施改革并不能保证它的成功。为了确保改革的顺利进行，需要建立一套完善的监测和评估机制，以及相应的评估指标。

首先，建立适当的评估指标是非常重要的。评估指标能够全面客观地反映改革的效果和成果，包括财务指标、绩效指标、社会影响指标等。通过明确的指标，可以更好地了解改革的进展情况，有针对性地进行评估和调整。

其次，监测机制也是必不可少的。监测机制可以通过收集和分析相关数据来跟踪改革的进展，包括收集财务数据、绩效数据、用户反馈等。通过监测机制，可以及时发现问题，及时采取纠正措施，确保改革的顺利进行。

最后，定期对改革创新进行评估是非常重要的。评估是一个系统性和全面性的过程，涉及各个层次和方面。评估的目的是了解改革的效果、影响和局限性。通过评估结果，可以发现改革中存在的问题和不足之处，以便及时进行调整和改进。

根据评估结果，需要及时采取措施纠正问题。改革过程中可能会出现各种问题和挑战，例如资源不足、实施困难等。通过及时采取纠正措施，可以解决问题，推动改革的顺利进行。

总之，中小企业财务管理改革创新需要明确目标、加强组织和领导、引入先进技术、重视内部控制和风险管理、注重人才培养和激励，以及持续监测和评估改革效果。通过科学有效的改革创新，中小企业可以提升财务管理水平，实现可持续发展。

# 第二章　中小企业的财务分析与增长管理

在我们对中小企业的深入理解和研究中，财务分析与增长管理无疑扮演了至关重要的角色。本章旨在全面展现这两方面的核心概念和方法，揭示它们对企业发展的重要影响。

首先，我们将在第一节探讨中小企业的财务分析基础，为读者提供必要的理论背景和实践知识，阐述财务分析的基本概念、常用方法及其在中小企业管理中的应用，为我们理解企业的财务状况，提供一个全面而细致的视角。

在第二节中，我们将讨论中小企业财务分析的作用与价值，尤其是其在决策制定、风险控制、投资管理等方面的重要性。我们将用实例来说明，如何通过有效的财务分析，帮助企业解决实际问题，提升经营效率。

我们在第三节将介绍中小企业的增长管理策略。聚焦于如何制定和实施有效的增长策略，以驱动企业的可持续发展；探讨不同的增长策略，包括内部增长和外部扩张以及如何根据企业的特性和市场环境选择和调整最合适的增长策略。

在第四节中，我们将把财务分析与增长管理结合起来，探讨财务分析在增长管理中的应用。我们将讨论如何通过财务分析来评估和指导企业的增长策略，以及如何利用财务分析结果来优化企业的增长管理。

通过本章的学习，我们希望读者能够更好地理解和掌握财务分析与增长管理在中小企业运营中的重要性，并能运用这些知识来提升企业的经营效率和增长能力。

# 第一节 中小企业财务分析概述

中小企业的财务分析是通过对企业财务数据的收集、处理和解读，以及与相关指标和标准进行比较和评估，来评估企业的财务状况、经营绩效和潜在风险的过程。财务分析是中小企业管理者和利益相关者了解企业经营状况的重要工具，可以为企业提供决策和改进经营的依据。

## 一、财务报表分析

财务报表是中小企业财务管理中最基本、最重要的工具之一，主要包括资产负债表、利润表和现金流量表。通过对这些财务报表的分析，可以获取关键的财务信息，以评估企业的财务状况和经营绩效，为决策提供重要依据。

### （一）资产负债表

资产负债表，也称为财务状况表，是一份记录企业在特定时间点上的资产、负债和所有者权益的重要会计报表，提供了有关企业财务状况的关键信息，为财务分析师提供了一个深入了解企业运营和财务稳定性的机会。

首先，资产结构是资产负债表的一个重要方面。通过分析企业的资产结构，财务分析师可以了解企业的资金运作情况。包括了解企业拥有的各种类型的资产，比如现金、应收账款、存货和固定资产等。通过了解资产的流动性和固定性，财务分析师可以评估企业的资金流动性状况以及其对应的经营策略。此外，资产结构的稳定性也是一个关键指标，它反映了企业的资本来源和财务风险。

其次，负债结构是另一个需要关注的方面。负债结构分析有助于评估企业的偿债能力和财务风险。负债的规模、类型和偿还期限都是财务分析师关注的重点。了解企业的负债情况可以帮助分析师判断企业是否具备足够的资金来偿还债务，并评估企业承担债务所面临的风险，这对于投资者和债权人来说是至关重要的信息。

最后，资产负债表还提供了有关所有者权益的信息。通过分析所有者权益的变动，可以观察企业的盈余积累情况和股东权益的变化。财务分析师可以观察到企业是否有盈余积累，以及这些积累是如何影响股东权益的。这些信息有助于评估企业的盈利能力和财务稳定性，并提供了关于企业治理结构和股东利益的线索。

## （二）利润表

利润表，也被称为损益表，用于展示企业在特定会计期间内的收入、费用和利润情况。通过对利润表进行分析，可以揭示出企业在财务方面的一些重要内容。

利润表可以通过分析销售收入的增长趋势和构成来了解企业的销售能力和市场地位。通过观察销售收入的变化，可以判断企业的销售业绩是否增长，以及销售策略的有效性。同时，了解销售收入的构成可以帮助企业确定主要销售产品或服务的贡献度，进而作出相应的战略决策。

利润表中的毛利率和净利润率是评估企业盈利能力和经营效率的重要指标。毛利率表示企业在销售产品或提供服务后所剩余的利润占销售收入的百分比。通过计算毛利率，可以了解企业在生产和销售过程中的成本控制情况，以及产品或服务的利润水平。净利润率则表示企业在扣除所有费用和企业所得税后的利润占销售收入的比例，它反映了企业的盈利水平和管理效率。通过对这两个指标的分析，可以评估企业的盈利能力以及是否有效地管理和控制了各种成本。

利润表中的费用分析可以帮助企业发现成本管控的问题和改进空间。费用构成的分析可以揭示出企业不同费用项目的比例和变动情况。通过分析各个费用项目的比例，企业可以了解哪些费用项占据较大的比重，从而确定是否存在成本过高的问题。此外，费用比例的变动也可以揭示出企业在成本管控方面的改进空间，帮助企业寻找降低费用和提高效率的措施。

### （三）现金流量表

现金流量表是企业财务报表的重要组成部分，它详细记录了企业在特定会计期间现金的流入和流出情况。通过对现金流量表的分析，可以深入了解企业的现金流动状况和现金管理能力，从而为投资者、分析师和管理层提供有价值的信息。

现金流量表反映了企业的经营活动现金流量。经营活动现金流量指的是企业通过日常经营活动所产生的现金流入和流出情况。通过分析这部分现金流量，可以评估企业的经营能力和现金的稳定性。例如，如果一个企业的经营活动现金流量持续为正，这意味着企业能够通过日常经营活动不断产生现金，具有较强的盈利能力和现金收入来源。相反，如果经营活动现金流量持续为负，可能表明企业的经营状况不佳，亏损或者现金流入不足以覆盖日常开支。

现金流量表包括投资活动现金流量。投资活动现金流量反映了企业在特定会计期间进行的投资和资本支出情况。通过分析这部分现金流量，可以了解企业的投资决策和资本支出情况。如果企业在投资活动中有大额现金流出，可能意味着企业在扩大生产能力、收购其他公司或投资项目上进行了大规模的资本投入。这可能是企业未来效益增长的信号。

现金流量表还涵盖了筹资活动现金流量。筹资活动现金流量记录了企业在特定会计期间进行的融资和偿债活动。通过分析这部分现金流量，可以观察企业的融资能力和偿债能力。如果企业有大量的现金流入来自筹资活动，可能表明企业能够通过债务或股权融资获得额外的资金，支持企业的运营和发展。相反，如果筹资活动现金流量显示企业有大量的现金流出，可能表明企业需要偿还债务或支付股东分红，可能对企业的流动性和财务状况产生一定影响。

综上所述，现金流量表通过对企业在特定会计期间现金流入和流出情况的记录和分析，提供了关于企业现金流量状况和现金管理能力的重要信息。通过分析经营活动现金流量、投资活动现金流量和筹资活动现金流量，可以更好地了解企业的经营能力、投资决策、资本支出、融资能力和偿债能力。这些信息对于投资者、财务分析师和管理层作出决策和评估企业绩效具有重要价值。同时，还可以与过去的财务数据和行业标准进行比较，评估企业在行业中的竞争力和发展潜力。这样的分析有助于管理者制定战略决策、优化资源配置、改进财务管理和控制风险。然而，需要注意的是，财务报表分析并非只依赖于单一指标或财务数据，而是需要将不同的财务指标综合考虑，结合企业的具体情况和行业背景进行全面分析，以确保得出准确、客观的结论。

## 二、比率分析

比率分析是中小企业财务分析的重要工具之一，通过计算和比较不同财务指标之间的比率，可以揭示企业财务状况的优势和劣势。

### （一）流动比率

流动比率是一种用来评估企业偿债能力和短期偿付能力的指标，它通过计算企业的流动资产与流动负债之间的比例来衡量。这个比例的高低能够反映企业在面对短期债务偿还时的能力和灵活性。

具体而言，流动比率是通过将企业的流动资产除以流动负债得出的。流动资产包括现金、存货、应收账款等能够在短期内变现或转换为现金的资产。而流动负债则包括应付账款、短期借款等需要在较短时间内偿还的债务。通过计算这两者的比例，我们可以得到一个相对的数值，用以衡量企业在面对短期债务时的偿还能力。

当流动比率较高时，意味着企业的流动资产相对于流动负债较多，从而表明企业有更好的偿债能力。说明企业能够及时偿还到期的短期债务，降低了企业面临流动性风险的可能性。高流动比率也能反映企业的资金周转能力较强，能够更好地应对市场波动和经营风险。

流动比率过高也可能存在问题。如果流动比率过高，可能表明企业的流动资产没有得到充分利用，而是闲置或处于低效状态。这可能导致企业无法最大程度地实现资金的增值，降低了企业的盈利能力。

## （二）速动比率

速动比率是一种用来评估企业在短期内偿债能力的财务指标。它通过计算企业流动资产中的现金、现金等价物和应收账款与流动负债之间的比例来衡量企业短期偿债能力的强弱。

在计算速动比率时，存货这种较难流动的资产被排除在外，这使得速动比率更加准确地反映了企业的短期偿债能力。因为存货通常需要一定时间才能转化为现金，所以在评估企业能否及时偿还短期债务时，将存货排除在外可以提供更准确的信息。

速动比率是一种比较常用的财务指标，它可以帮助投资者、债权人和其他利益相关者评估企业的偿债风险。如果企业的速动比率较高，意味着企业拥有更多的现金和易于变现的资产，这可以增加企业偿债的能力。相反，如果速动比率较低，可能意味着企业流动资产中的现金和易于变现的资产较少，可能会对企业的短期偿债能力产生风险。

对于投资者来说，速动比率可以提供关于企业财务稳定性和流动性的信息。较高的速动比率通常被视为积极的信号，可能意味着企业能够应对短期债务并具备良好的经营能力。相反，较低的速动比率表明企业在偿还债务方面可能面临困难。

## （三）资产负债比率

资产负债比率是一个衡量企业财务健康状况的重要指标。它通过计算企业总负债与总资产之间的比例，反映了企业负债水平和财务杠杆的情况。简单来说，资产负债比率越高，企业承担的债务相对较多。

当资产负债比率较高时，可能意味着企业存在一些财务风险。首先，高比率表明企业承担的债务相对较多，可能需要支付更多的利息和本金偿还压力。这可能导致企业的现金流减少，影响企业的经营能力和盈利能力。此外，高比率还可能暗示企业对借款过度依赖，缺乏自有资金的支持。这种情况下，企业的借款成本可能会增加，进一步加重了财务负担。

高资产负债比率还可能给企业带来一定的风险，特别是在经济不景气或市场竞争加剧的情况下。如果企业无法及时偿还债务或者经营出现问题，高比率可能会导致企业面临财务困境、破产甚至倒闭的风险。此外，高比率还可能对企业的信誉和声誉产生负面影响，降低其在金融市场的融资能力和投资者的信任度。

需要注意的是，资产负债比率的高低并不能简单地说明企业的财务状况。不同行业和企业之间的资产负债结构存在差异，因此，同样的比率在不同情况下可能有不同的含义。同时，一些企业可能会通过负债融资来支持其业务增长和发展战略，高资产负债比率并不一定意味着财务风险。

### （四）盈利能力比率

盈利能力比率是衡量企业在经营过程中实现利润的能力的一种指标。它通过将企业的利润与销售额、资产或所有者权益进行比较，来评估企业的盈利能力和经营效率。这些比率提供了关于企业经营状况和财务健康的重要信息，帮助投资者、财务分析师和管理人员了解企业的盈利能力，并对其未来的发展和竞争力进行评估。

毛利率是最基本的盈利能力比率之一，是企业销售产品或提供服务后所获得的毛利润与销售额之间的比例。毛利率的高低可以反映企业在生产过程中控制成本和定价能力的优劣。较高的毛利率意味着企业能够以更高的价格销售产品或服务，或者在生产和运营过程中有效地控制成本，从而实现更高的利润。

净利润率是另一个重要的盈利能力比率，企业的净利润与销售额之间的比例，反映了企业在扣除所有费用和企业所得税后所实现的净利润能力。净利润率可以揭示企业的经营效率和利润水平，较高的净利润率表明企业能够在经营过程中有效地控制成本和费用，并取得较高的净利润。

资产回报率也是一项重要的盈利能力比率，是企业的净利润与资产之间的比例，衡量企业有效地利用资产创造利润的能力。较高的资产回报率意味着企业能够有效地配置和利用资产，实现更高的盈利能力。

这些盈利能力比率的计算和分析可以提供有关企业经营状况的重要情况。它们帮助投资者评估企业的盈利能力和风险，帮助财务分析师研究企业的竞争力和市场地位，并为管理人员提供有关企业经营策略和效率改进的线索。通过监测和比较这些比率，人们可以获得对企业经营状况的更深入了解，并在决策过程中考虑到盈利能力和效率方面的因素。

比率分析可以帮助管理者判断企业的偿债能力、流动性、盈利能力和效率等方面的情况。通过分析不同比率之间的关系和趋势，可以发现企业的优势和劣势，并提供改进经营的建议和决策依据。例如，如果流动比率较低，可能需要采取措施提高现金流入或降低流动负债；如果净利率较低，可能需要优化成本结构或提高销售额来改善盈利能力。

然而，比率分析也有一些限制和注意事项。比率分析只是从财务角度评估企业状况，不能全面反映企业的综合情况。此外，比率分析也需要结合行业和市场情况进行综合分析，避免单纯依赖比率分析的结论。最重要的是，比率分析只是财务分析的一部分，还需要综合考虑其他因素，如市场竞争、经营策略等，来全面评估企业的财务状况和发展前景。

## 三、趋势分析

趋势分析是一种财务分析方法，用于观察和分析企业在一段时间内的财务数据变化趋势，以了解企业的发展动态和长期经营状况。通过比较不同年度的财务数据，可以揭示企业在销售额、利润、资产规模等方面的增长或下降趋势，为企业未来的决策提供重要依据。

## （一）收集财务数据

收集财务数据是企业财务管理中的重要一环，旨在获取企业一段时间内的关键财务指标，以便更好地了解企业的经营状况和财务健康状况。

要收集的财务数据包括销售额、利润、资产总额、负债总额等。销售额是企业在一定时间内通过销售产品或提供服务所获得的收入总额。利润是企业从销售额中扣除各项成本和费用后的净收益。资产总额是企业所有的资产价值总和，包括固定资产、流动资产等。负债总额是企业所有的债务和应付款项的总和。

为了收集这些财务数据，通常可以从企业的财务报表中获取。财务报表是企业按照一定的会计准则编制的记录和展示企业财务状况的文件。其中，利润表显示了企业在一定时间内的销售收入、各项成本和费用，以及最终的净利润。资产负债表则展示了企业在某一特定时间点上的资产、负债和所有者权益的情况。

通过收集财务数据，企业能够对自身的财务状况进行全面的评估和分析。这些数据提供了关键的指标，可以帮助企业管理层了解企业的盈利能力、偿债能力和资产状况。同时，财务数据的收集还有助于与其他企业或行业进行比较和对比，从而更好地了解企业在市场上的竞争力和地位。

## （二）数据比较与计算

数据比较与计算是一种常见的财务分析方法，用于比较不同年度的财务数据并计算其增长率或变动幅度，旨在揭示财务状况和业绩的变化趋势，以便评估企业的财务健康和业务成长。

在进行数据比较与计算时，首先需要收集和整理不同年度的财务数据，包括销售额、利润、成本、资产、负债等指标。这些数据来自财务报表，如利润表、资产负债表和现金流量表。

一种常用的计算方法是绝对值变化，即通过计算不同年度的数据差异来衡量增长或变动的幅度。例如，可以计算销售额在两个年度之间的绝对值变化，以了解销售额的实际增长或下降量。类似地，利润的绝对值变化可以揭示利润的变化情况。

另一种常见的计算方法是百分比变化，即通过将绝对值变化除以基准年度的数值，并将结果乘以100，来计算增长率或变动幅度的百分比。例如，可以计算销售额在两个年度之间的百分比增长率，以衡量销售额的相对变化情况。

通过数据比较与计算，可以得出一些重要的结论。例如，如果销售额在多个年度中呈现稳定的增长趋势，这可能意味着企业的市场份额不断扩大，业务活动蓬勃发展。相反，如果利润出现持续下降，可能需要对成本结构进行调整或寻找其他增长机会。

数据比较与计算还可以用于跨行业或跨组织的比较。通过将一个组织的财务数据与同行业或同类型组织的数据进行比较，可以评估其相对竞争力和绩效表现。这种比较可以揭示一个组织在市场上的地位，以及其相对于竞争对手的优势或劣势。

## （三）绘制趋势图表

绘制趋势图表是一种常用的方式，用于将财务数据的变化趋势以图形化形式展示。这种图表可以采用各种形式，如折线图、柱状图等，以直观地显示财务指标随着时间的推移而发生的变化。通过这些图表，管理者能够更清晰地了解企业的财务状况和发展动态。

折线图是一种常见的趋势图表类型。它通过连接各个数据点形成一条连续的折线，以显示指标随时间的变化趋势。折线图可以在横轴上表示时间，例如月份、季度或年份，而纵轴则表示财务指标的数值。通过观察折线的走势，管理者可以直观地了解指标是上升、下降还是保持稳定，并据此评估企业的财务表现。

另一种常见的趋势图表类型是柱状图。它通过在纵轴上表示财务指标的数值，而在横轴上表示不同的时间点，以矩形柱的高度来表示指标的大小。每个柱子代表一个特定的时间段，例如季度或年份，而柱子的高度则反映了该时间段内指标的数值。柱状图可以用于比较不同时间段之间的财务表现，以及不同指标之间的相对大小。

绘制趋势图表的好处在于它提供了一种简单而直观的方式，让管理者更好地理解企业财务数据的变化趋势。通过观察图表中的趋势，管理者可以识别出重要的变化点、周期性的模式或趋势，并根据这些信息作出相应的决策。此外，趋势图表还可以用于与利益相关者共享财务信息，帮助他们更好地理解企业的财务状况和发展方向。

### （四）分析趋势与原因

财务数据的趋势变化是企业经营过程中非常重要的一部分。通过仔细观察和分析这些趋势，可以揭示出一系列有关企业健康状况和未来发展的信息。然而，要全面理解这些趋势，我们需要深入研究背后的原因。

首先，考虑到销售额的增长。当销售额呈现上升趋势时，我们需要寻找背后的原因。一种可能性是市场需求的增加。如果市场对企业的产品或服务有更大的需求，销售额自然会上升。这可能是由于人口增长、收入水平提高、消费者偏好变化等因素引起的。另外，成功的产品推广策略也可以是销售额增长的原因之一。如果企业能够有效地宣传和推广其产品，吸引更多的消费者购买，销售额就有可能增长。

相反，如果利润呈现下降趋势，我们也需要找到原因。一种可能性是成本上升。成本上升可能是由于原材料价格的上涨、劳动力成本增加或运营费用的增加等原因导致的。另外，竞争加剧也可能是利润下降的原因之一。如果市场上的竞争对手增多或竞争加剧，企业可能被迫降低价格以保持竞争力，从而影响利润。

通过分析趋势背后的原因，我们可以更好地理解财务数据的变化，并为未来的决策提供更准确的依据。了解销售额增长的原因，可以帮助企业确定是否需要进一步扩大市场份额或加大推广力度。而了解利润下降的原因，可以帮助企业找出成本节约的途径或者重新评估市场竞争策略。

趋势分析的优点在于能够捕捉企业财务数据的长期变化趋势，有助于发现和评估企业的增长潜力和风险。它可以帮助企业管理者了解企业的竞争优势、市场表现和财务健康状况，为制定战略规划、资源配置和业务发展提供重要参考。

趋势分析也有一些限制和注意事项。首先，趋势分析只是基于历史数据进行推测，并不能完全预测未来的发展。其次，趋势分析需要注意数据的可靠性和一致性，确保财务数据的准确性和可比性。最后，趋势分析应结合行业和市场的整体环境因素进行综合分析，避免过度依赖单一指标的判断。综合考虑这些因素，趋势分析可以成为企业决策的有力工具，为未来的战略规划和经营决策提供重要的参考依据。

## 四、垂直分析与横向分析

垂直分析与横向分析是常用的财务分析方法，可以帮助中小企业管理者深入了解企业的财务状况和发展趋势。

### (一) 垂直分析

垂直分析是将财务数据按照项目进行比较，以了解各项指标在整体中所占的比例和变化情况。这种分析方法通常以资产负债表和利润表为基础进行。对于资产负债表，管理者可以将各项资产、负债和所有者权益项目与总资产进行比较，从而了解不同项目对企业总资产的贡献程度。通过垂直分析资产负债表，管理者可以判断企业的资产结构、负债结构和净资产状况。对于利润表，管理者可以将各项收入和费用项目与总收入或净利润进行比较，以了解不同项目对企业收入和利润的贡献程度。通过垂直分析利润表，管理者可以了解企业的收入结构、成本结构和利润率。

垂直分析的优点是能够显示各项财务指标在整体中的权重和比例，帮助管理者了解企业内部的财务结构和重点领域。例如，如果某项费用占据了较大比例，可能需要管理者关注和优化该费用。然而，垂直分析也存在一些局限性，它无法展示随时间变化的情况，需要结合横向分析来更全面地了解企业的财务状况。

### （二）横向分析

横向分析是将财务数据按照时间进行比较，分析各项指标在不同期间的变化情况。通过比较不同时间点的财务数据，管理者可以了解企业在不同时期的经营状况和发展趋势。横向分析通常以财务报表的历史数据为基础进行，可以涵盖多个会计年度或季度。

横向分析的主要目的是识别和分析企业财务数据的变化趋势，以及对比不同时间点的变化幅度。例如，管理者可以比较不同年度的销售额、净利润、资产规模等指标，以了解企业的增长速度和经营效率的改变。横向分析还可以帮助管理者发现财务数据中的异常波动或突变，从而及时采取措施进行调整和改进。

综合运用垂直分析和横向分析，可以为中小企业管理者提供更全面的财务信息和洞察力。这些分析方法可以帮助管理者识别企业的财务优势和劣势，确定关键业务领域，并制定相应的经营策略。然而，对于准确的分析结果，管理者需要确保财务数据的准确性、可靠性和完整性，并结合行业和市场情况进行综合分析和解读。

通过财务分析，中小企业管理者可以获得对企业经营情况的深入了解，包括财务健康状况、盈利能力、流动性、偿债能力等方面的情况。这些信息对于制定战略决策、优化资源配置、改进经营效率等都具有重要的指导意义。然而，在进行财务分析时，需要注意数据的准确性和完整性，同时结合行业和市场情况进行综合分析，以得出准确可靠的结论。

# 第二节　中小企业财务分析的作用与价值

中小企业财务分析在中小企业管理中具有重要的作用和价值。通过对中小企业的财务数据进行分析，可以提供以下方面的作用与价值。

## 一、评估企业财务状况

财务分析可以帮助管理者了解企业的财务状况，包括企业的资产状况、负债情况、盈利能力和现金流量等方面。通过分析财务数据，管理者可以判断企业的财务健康程度，及时发现财务问题，并采取相应的措施加以解决。

### （一）资产状况评估

资产状况评估是一种财务分析方法，旨在帮助管理者了解企业的资产情况。通过对资产负债表的分析，管理者可以获取关键信息，包括企业的总资产规模、资产结构以及固定资产投资等方面的数据。

资产状况评估关注企业的总资产规模。总资产规模是企业拥有的全部资产价值的总和。通过分析资产负债表，管理者可以了解企业目前的总资产规模，这有助于评估企业的经营规模和市场影响力。较大的总资产规模可能意味着企业在市场上的竞争实力较强，而较小的总资产规模则可能表示企业处于起步或发展阶段。

资产状况评估关注企业的资产结构。资产结构涉及企业资产的组成和分布情况。通过分析资产负债表，管理者可以确定企业的各类资产占比，如现金、应收账款、存货、固定资产等。了解资产结构可以帮助管理者评估企业的流动性、风险和长期发展潜力。例如，过高的现金占比可能表明企业未充分利用资金，而过高的存货占比可能暗示销售不畅或库存管理不当。

资产状况评估还关注固定资产投资。固定资产是指企业拥有并用于生产经营的长期资产，如厂房、机器设备等。通过分析资产负债表，管理者可以了解企业在固定资产上的投资情况，有助于评估企业的生产能力和技术水平。较高的固定资产投资可能表示企业致力于扩大生产能力或引进先进设备，而较低的固定资产投资则可能意味着企业对生产设施的更新和改进程度较低。

## （二）负债情况评估

负债情况评估是一项重要的财务分析活动，旨在揭示企业在财务方面所面临的债务和负债责任。这项评估通过对企业的资产负债表和财务比率进行分析，提供了关于企业负债情况的详细信息。

财务分析可以揭示企业的总负债规模。通过分析资产负债表，管理者可以获得企业当前所面临的全部债务和负债金额，有助于了解企业负债的规模和范围，并提供一个全面的负债概览。

财务分析还可以评估企业的负债结构。负债结构指的是企业不同种类债务的相对比例和组成。通过分析资产负债表中的负债项目，管理者可以确定企业是主要依赖长期债务还是短期债务，以及不同债务来源的相对重要性，有助于评估企业的负债组合是否合理，是否存在过度依赖某种类型的债务。

财务分析还关注企业的负债偿还能力。债务偿还能力是指企业用于偿还债务的资金来源和能力。通过分析财务比率，如偿债比率、利息保障倍数等，管理者可以判断企业当前的偿债能力是否足够强劲，有助于评估企业是否能够按时偿还债务，并保持良好的信用状况。

## （三）盈利能力评估

盈利能力评估是一种财务分析方法，旨在评估企业在经济运作中所实现的盈利能力。这种评估的目标是了解企业在特定时间段内实现的利润水平以及利润的增长率，以此来评估企业的财务状况和潜力。

利润水平是盈利能力评估的一个关键指标。利润水平反映了企业的总体盈利情况，通常以净利润或毛利润的形式表示。净利润是企业在扣除了各种费用和企业所得税后所获得的盈利额，而毛利润是企业销售商品或提供服务所获得的总收入减去直接成本。

利润增长率也是盈利能力评估的一个重要指标。利润增长率反映了企业在一段时间内盈利水平的变化趋势。通过比较不同时间段的利润增长率，管理者可以了解企业的盈利状况是否持续改善或恶化，从而评估企业的经营稳定性和发展潜力。

毛利率和净利率也是盈利能力评估中常用的指标。毛利率是企业毛利润与总收入之间的比例，用来评估企业销售产品或提供服务的盈利能力。净利率是企业净利润与总收入之间的比例，可以帮助评估企业在扣除了各种费用和企业所得税后所获得的净利润的比例。

通过对利润表和相关的财务比率进行分析，管理者可以全面了解企业的盈利能力，并将其与同行业的竞争对手进行比较。这种比较可以揭示出企业在盈利能力方面的相对优势或劣势，有助于制定战略决策和改进企业的财务绩效。

## （四）现金流量评估

现金流量评估是一种财务分析方法，用于评估企业的现金流量状况。这种评估涵盖企业在经营活动、投资活动和筹资活动中所产生的现金流量。通过分析现金流量表和相关的财务比率，企业管理者可以深入了解企业的现金流量状况，并判断其是否能够满足日常经营和投资需求。

经营活动现金流量是指企业从主要的经营活动中所产生的现金流入和流出。包括与销售产品或提供服务相关的现金收入以及与经营活动相关的现金支出，如采购原材料、支付工资和运营成本等。通过分析经营活动现金流量，管理者可以了解企业的销售状况、成本管理和经营效率。

投资活动现金流量涉及企业的投资决策和资产管理。包括购买或出售固定资产、收回投资款项和提供或接收贷款所产生的现金流量。通过分析投资活动现金流量，管理者可以评估企业的资本支出、投资回报率和资产负债结构。

筹资活动现金流量反映了企业在筹集资金和偿还债务方面的现金流动情况。包括发行或偿还债券、发行或回购股票、支付股息以及借款和偿还债务所产生的现金流量。通过分析筹资活动现金流量，管理者可以了解企业的融资能力、债务管理和股权结构。

综合分析现金流量表和相关的财务比率，管理者可以获得关于企业现金流量状况的全面认识。这种了解对于决策制定非常重要，因为现金流量的充足与否直接影响到企业的运营和发展。如果现金流量不足，企业可能面临着无法支付债务、无法满足日常经营需求或无法进行新的投资的风险。因此，现金流量评估帮助管理者及时发现潜在的财务问题，并采取相应的措施来保持良好的现金流量状况。

通过对企业财务状况的评估，管理者可以及时发现财务问题和潜在风险，为制定相应的财务策略和经营决策提供依据。例如，如果财务分析表明企业的负债水平过高，管理者可以考虑采取降低负债、改善负债结构的措施；如果盈利能力较低，管理者可以考虑提高销售额、控制成本等方式来改善盈利状况。因此，财务分析在评估企业财务状况和制定财务战略方面起着重要的作用。

## 二、辅助决策制定

财务分析在中小企业的决策制定中发挥着重要的作用。通过对财务数据的详细分析，管理者可以获得关于企业盈利能力、资产配置和成本结构等方面的深入了解，从而为决策提供可靠的依据。

### （一）扩大生产规模

扩大生产规模对企业来说是一个重要的战略目标。财务分析是评估企业当前盈利状况和资源可用性的关键工具。通过对财务数据的仔细分析，管理者能够了解企业的盈利能力和现金流状况，有助于他们判断是否有足够的资金和资源来支持生产规模的扩大。

财务分析包括对企业的利润表、资产负债表和现金流量表等财务报表的分析。利润表反映了企业在特定时期内的销售收入、成本和利润情况。通过对利润表的分析，管理者可以了解企业的销售增长率、毛利率和净利润率等关键指标，从而评估企业的盈利能力。如果企业目前的盈利水平较高，这可能表明企业有能力扩大生产规模。

资产负债表提供了有关企业资产、负债和所有者权益的信息。通过对资产负债表的分析，管理者可以了解企业的资产结构、负债水平和净资产价值。如果企业拥有较多的资产和较少的负债，这将为扩大生产规模提供良好的资金和资源基础。

现金流量表反映了企业在特定时期内的现金流入和流出情况。通过对现金流量表的分析，管理者可以了解企业的现金流状况，包括经营活动、投资活动和筹资活动的现金流量。如果企业的现金流入超过了现金流出，这意味着企业具有足够的资金来支持生产规模的扩大。

财务分析还可以帮助管理者预测扩大规模后的盈利水平和风险。通过对历史财务数据的分析，管理者可以识别出市场趋势和企业的增长潜力。他们可以借助财务模型和预测工具，预测扩大生产规模后的销售收入、成本和利润水平。此外，财务分析还可以揭示潜在的风险和挑战，例如资金短缺、市场竞争和供应链问题，从而帮助管理者作出正确的决策。

## （二）投资新项目

投资新项目是企业发展和扩大业务的重要手段之一。为了确保投资决策的准确性和可行性，进行财务分析是至关重要的。财务分析是通过对投资项目的预期现金流量、回报率和风险等指标进行评估，从而判断该项目是否具有可行性和投资价值。

财务分析可以帮助管理者评估新项目的盈利潜力。通过对项目的预期现金流量进行分析，可以确定项目在未来一段时间内是否能够产生稳定的现金流入。这有助于管理者预测项目的收入情况，并判断项目的盈利潜力。

财务分析可以评估新项目对企业整体盈利能力和资金结构的影响。管理者可以通过分析投资项目的预期现金流量和回报率，来判断项目对企业的盈利贡献。如果预期回报率高，项目可能对企业的盈利能力有积极的影响。此外，财务分析还可以帮助管理者评估项目对企业资金结构的影响，即项目所需的资金是否能够被企业合理承担。

财务分析还可以考虑新项目与现有业务的协同效应。通过分析新项目与现有业务之间的关联性和互补性，管理者可以判断项目是否能够带来额外的收益或优势。如果新项目能够与现有业务形成协同效应，例如通过共享资源或市场渠道，那么投资该项目可能会更具吸引力。

### （三）选择供应商或客户

选择供应商或客户是企业管理者面临的一个重要决策。为了评估供应商或客户的稳定性和信用状况，财务分析是一个重要的工具。通过对供应商或客户的财务数据进行分析，可以获取关于其经营状况的信息，包括盈利能力、偿债能力和支付能力等方面。

财务分析可以帮助管理者了解供应商或客户的盈利能力。通过分析其财务报表和财务指标，可以评估其利润水平和盈利趋势，帮助管理者了解供应商或客户在市场上的竞争力和盈利潜力。如果一个供应商或客户一直保持着稳定的盈利能力，那么它可能是一个可靠的合作对象。

财务分析还可以揭示供应商或客户的偿债能力。通过分析其财务报表中的债务比率、流动比率等指标，可以评估其债务水平和偿债能力。如果一个供应商或客户负债较低，且有足够的流动资金来偿还债务，那么它可能是一个财务稳定的合作对象。

财务分析还可以帮助管理者了解供应商或客户的支付能力。通过分析其财务报表中的现金流量状况和支付记录，可以评估其支付能力和支付习惯。如果一个供应商或客户能够按时支付应付账款，并且具有良好的现金流管理能力，那么它可能是一个可信赖的合作对象。

通过对供应商或客户的财务数据进行分析，管理者可以获得关于其经营状况的深入了解，从而判断其是否具有长期合作的潜力。这些信息可以帮助管理者在选择合作对象时作出正确的决策。财务分析为管理者提供了客观的数据支持，帮助他们评估不同供应商或客户之间的优劣，并选择最适合企业需求的合作伙伴。

通过深入分析财务数据，管理者可以更好地了解企业的财务状况和潜在风险，从而作出正确的决策。然而，需要注意的是，财务分析仅是决策过程中的一个重要因素，还需要综合考虑市场环境、竞争状况和战略目标等其他因素，以制定全面有效的决策。

## 三、发现经营问题与潜在风险

财务分析在中小企业中的应用，不仅可以帮助管理者了解企业的财务状况，还能及时发现经营问题和潜在风险。

### （一）盈利能力下降

当企业的盈利能力下降时，可以通过对财务报表和利润指标进行分析，从而识别问题所在。一种常见的指标是利润率，即企业每销售一单位产品或提供一项服务所获得的利润。如果利润率连续下降，这可能意味着企业正面临销售额下降、成本控制不力或利润分配不合理等问题。

销售额的下降可能是导致盈利能力下降的主要原因之一。企业销售额的减少可能源于多种因素，例如市场竞争加剧、消费者需求下降、产品或服务的质量问题。通过分析销售数据和市场趋势，管理者可以识别销售下降的原因，并采取相应措施来重新促进销售增长。

成本控制不力也是盈利能力下降的潜在原因。如果企业的成本过高或者无法有效地管理成本，将会对利润率产生负面影响。因此，管理者需要审查企业的成本结构，寻找成本过高的领域，并采取相应的措施来降低成本，提高盈利能力。

利润分配也可能对企业的盈利能力产生影响。如果企业在利润分配上存在不合理或不公平的问题，可能导致盈利能力下降。管理者需要评估企业的利润分配政策，并确保它能够激励员工的工作积极性和创造性，同时保持企业的盈利稳定。

## （二）资金周转不畅

资金周转不畅是指企业在运营过程中遇到的资金流动不够灵活、迅速的情况。通过财务分析，可以揭示出企业的资金周转情况，并帮助管理者了解这个问题的具体表现和原因。

财务分析可以利用一些指标来评估企业的资金周转情况，其中包括流动比率和速动比率等。流动比率反映了企业的短期偿债能力，如果企业的流动比率较低，意味着企业流动资产不足以覆盖流动负债，即企业可能面临支付短期债务的困难。另一个指标是速动比率，它除去了存货这种相对不容易变现的资产，只考虑了流动性较高的资产，如现金、应收账款等。如果速动比率较低，说明企业无法迅速变现资产来满足短期债务的需求。

应收账款逾期未收回和存货周转速度过慢也是资金周转不畅的表现。如果企业的应收账款无法按时回收，或者存货的周转速度较慢，都将导致企业的资金被困在这些资产中，无法及时流动使用。

当管理者通过财务分析及时发现资金周转不畅的问题时，可以采取一系列措施来改善资金的流动性。例如，加强应收账款管理，通过催收措施或与客户进行协商，尽快回收欠款；优化库存控制，减少库存积压，提高存货周转速度；改进供应链管理，优化采购和供应环节，减少资金占用；等等。

### (三) 成本偏高

成本偏高是企业面临的一个重要问题，而财务分析是揭示和理解这一问题的有效手段。通过对企业的财务数据进行深入分析，管理者可以获得关于不同成本项目的详细信息，包括其占比和变化趋势，从而识别出成本偏高的具体情况。

一种常见的成本偏高的情况是直接成本占比过高。直接成本是与产品或服务的生产直接相关的成本，如原材料成本、人工成本等。如果直接成本占比过高，可能意味着企业在采购原材料或者使用人力资源方面存在问题，导致成本增加。通过财务分析，管理者可以分析这些问题的具体原因，例如供应链管理不佳、人力资源管理不当等，从而采取相应措施来解决。

另一个与成本偏高相关的问题是间接成本控制不力。间接成本是与产品或服务的生产间接相关的成本，如管理费用、设备折旧费用等。如果企业的间接成本控制不力，可能会导致成本的不必要增加。通过财务分析，管理者可以识别出哪些间接成本项目在整体成本中占比较高，从而确定问题所在。可能的原因包括过度投入管理费用、设备维护不善等。财务分析可以帮助管理者更好地理解这些问题，并为采取措施提供依据。

财务分析还可以揭示其他导致成本偏高的问题，例如生产流程不优化、采购成本过高、生产效率低下等。通过对财务数据的仔细分析，管理者可以发现这些潜在问题，并找到其根本原因，为制定相应的改进措施提供了基础。例如，通过优化生产流程，企业可以减少生产过程中的浪费和不必要的成本；通过降低采购成本，企业可以节约成本支出；通过改进生产效率，企业可以提高生产效率，减少生产成本。

### (四) 潜在风险

财务分析是一种帮助揭示企业潜在风险的方法。通过仔细分析财务数据，管理者可以获得有关企业当前和未来财务状况的深入了解。

一个潜在的风险是负债过高。当企业的负债水平超过其偿还能力时，企业可能面临着偿债风险。这意味着企业可能无法按时偿还债务，从而导致信誉受损、利息支出增加甚至破产等问题。财务分析可以帮助管理者确定企业的负债水平，并评估其偿债能力，以便采取适当的措施来降低负债风险。

另一个潜在的风险是现金流不稳定。如果企业的现金流量管理不善，可能会导致无法按时支付员工工资、供应商款项或履行其他重要的财务义务。财务分析可以揭示企业的现金流状况，并帮助管理者了解企业在不同时间段的现金流波动情况。通过对现金流数据的分析，管理者可以预测未来的现金流情况，并采取必要的措施来稳定现金流，以确保企业能够及时履行其财务义务。

除了以上提到的风险，财务分析还可以揭示其他潜在的风险，如市场风险、经济风险和法律风险等。通过仔细研究财务数据和市场趋势，管理者可以识别出可能对企业经营和财务状况造成威胁的潜在风险因素。这种认识可以帮助他们作出正确的决策，以减少潜在风险对企业的负面影响。

综上所述，财务分析在中小企业中的应用，可以帮助管理者及时发现企业的经营问题和潜在风险。通过准确分析财务数据，管理者可以及早采取相应的措施，以优化经营决策、降低风险、提高企业的财务健康和竞争力。

## 四、评估经营绩效和效率

财务分析在评估中小企业的经营绩效和效率方面起着重要的作用。通过对不同时间段的财务数据和行业标准进行比较，可以对企业在利润、资产回报率、成本控制等方面的表现进行评估。这些评估结果可以帮助管理者了解企业的经营效果，进而制定业绩评价和改进措施。

### （一）利润评估

利润评估是一项重要的财务分析工具，用于评估企业的盈利能力。通过财务数据的分析，可以计算出企业的利润率，其中包括毛利率和净利率等指标。

这些指标能够揭示企业在经营过程中实现的盈利水平。

与行业标准进行比较是评估企业利润能力的关键。通过将企业的利润率与行业平均水平进行对比，可以了解企业在盈利方面的表现。如果企业的利润率高于行业平均水平，可能意味着企业在产品定价、成本控制或市场份额等方面表现良好，表明企业能够以较高的利润率销售产品或提供服务，并且在市场竞争中占据有利地位。如果企业的利润率较低，就需要仔细审查成本结构、市场竞争力等因素。可能存在成本过高或无法有效控制的情况，也可能受到市场竞争的压力。在这种情况下，企业需要寻找提升利润的方法，包括优化成本结构、降低不必要的开支，并加强市场竞争力，以吸引更多的客户和增加销售额。

利润评估对企业的经营决策至关重要。它提供了一个衡量企业盈利能力的指标，帮助企业了解自身在行业中的竞争地位。通过不断评估和监测利润率，企业能够及时发现问题，并采取相应的措施来提高盈利能力。然而，需要注意的是，利润率只是评估企业盈利能力的一个方面，还需要综合考虑其他财务指标和业务环境因素来作出全面的判断。

## （二）资产回报评估

资产回报评估是一种财务分析方法，用于衡量企业运用资产获取利润的能力。在资产回报评估中，使用各种指标来计算企业的资产回报率，例如总资产回报率和净资产回报率。这些指标可以帮助我们了解企业的资产利用效率，并与行业标准进行比较，以评估企业在资产运营方面的表现。

总资产回报率是衡量企业在整体资产上获得的利润的指标。较高的总资产回报率表示企业能够有效地利用其资产以实现利润最大化，意味着企业能够充分发挥其资产的潜力，并通过高效的运营和管理实践实现良好的财务表现。

另一个常用的指标是净资产回报率，它衡量企业在净资产上获得的利润。与总资产回报率不同，净资产回报率关注的是企业在净资产方面的表现，可以更直接地反映企业的盈利能力。较高的净资产回报率表示企业能够有效地运用自己的净资产，实现更高的盈利水平。

通过与行业标准进行比较，可以更好地评估企业的资产利用效率。如果企业的资产回报率低于行业平均水平，那么可能需要审查企业的资产配置和运营管理。包括重新评估资产投资策略、改进运营流程、加强资产利用效率等。目标是通过优化资产配置和管理，提高资产回报率，从而增加企业的盈利能力和竞争力。

### （三）成本控制评估

成本控制评估是通过财务分析来评估企业的成本结构和成本控制情况。这种评估可以通过分析不同成本项目在总成本中的占比以及成本的变动趋势来进行。通过这样的评估，可以判断企业在成本控制方面的表现如何。

如果企业在成本控制方面表现良好，那么成本占比相对较低，意味着企业能够有效地管理和控制经营成本，从而提高盈利能力。相反，如果企业的成本占比较高，就可能暗示着存在成本管理不善或者资源浪费等问题。高成本占比可能意味着企业在成本控制方面面临挑战，需要采取相应的措施来改进现状。这些措施包括制定更有效的成本管理策略、寻找降低成本的方法、减少资源的浪费等。

因此，成本控制评估对于企业来说非常重要。通过对成本结构和成本控制情况的评估，企业可以了解自身在成本管理方面的表现，并针对评估结果采取相应的措施。这有助于企业提高盈利能力、降低经营风险，并保持竞争优势。

综合以上评估，中小企业的管理者可以了解企业在经营绩效和效率方面的现状，并根据评估结果制定相应的改进措施。例如，如果发现利润率较低，可以考虑通过降低成本、提高产品附加值或优化定价策略来提升盈利能力。如果资产回报率不高，可以优化资产配置、改进生产效率或拓展新的市场机会等。财务分析提供了客观的数据支持，帮助管理者进行行业绩评价和决策，以实现中小企业的可持续发展。

## 五、吸引投资者和融资机构

中小企业财务分析可以提供给投资者和融资机构有关企业财务状况和经营情况的信息。当中小企业需要进行融资或吸引投资时，通过对财务数据的分析，可以展示企业的潜力和回报能力，增加投资者和融资机构的信心，从而更容易获得资金支持。

### （一）提供可靠的财务信息

中小企业财务分析的重要性在于提供可靠的财务信息。通过对财务报表和相关财务指标的详尽分析，可以帮助中小企业披露其财务状况，为投资者和融资机构提供关键信息。

财务分析揭示了企业的盈利能力。通过分析利润表，可以确定企业的销售收入、成本、税前利润和净利润等指标，以了解企业的经营状况和盈利能力。这些信息对于投资者来说至关重要，因为他们可以根据企业的盈利潜力来决定是否投资。

财务分析还评估了企业的偿债能力。通过分析资产负债表，可以确定企业的债务水平、偿债能力和流动性状况。这对于融资机构来说非常重要，因为它们需要确保企业能够按时偿还债务。财务分析提供了有关企业的债务结构和偿债能力的关键信息，能够帮助融资机构作出决策。

财务分析还关注企业的现金流状况。通过分析现金流量表，可以揭示企业的现金流入和流出情况，以及现金储备的变化。这对于投资者和融资机构来说同样重要，因为现金流是企业健康和稳定运营的重要指标，财务分析可以帮助他们了解企业是否能够及时支付费用、投资和分红，并评估企业的经营风险。

### （二）展示企业的潜力和回报能力

中小企业可以通过财务分析来展示其潜力和回报能力。财务分析是通过对企业的财务数据进行深入研究和评估，以获取关于企业经营状况和财务健康的信息。这些分析可以为投资者和融资机构提供重要的参考，帮助他们了解企业的潜力和回报能力，从而作出投资和融资决策。

一种常用的财务分析方法是分析企业的成长率。成长率反映了企业在一段时间内的增长速度。投资者和融资机构可以通过观察企业的销售额、利润或资产规模的增长率来评估企业的成长潜力。如果一个中小企业的成长率高且持续增长，这将表明它具有较大的潜力，可能成为一个有吸引力的投资机会。

盈利能力比率也是评估企业潜力和回报能力的重要指标之一。这些比率包括净利润率、毛利率和营业利润率等。通过分析这些比率，投资者和融资机构可以了解企业在销售产品或提供服务时的盈利能力。高盈利能力意味着企业能够以较低的成本获得更高的利润，这对于投资者和融资机构来说是吸引人的。

资产回报率也是一个重要的指标，用于衡量企业有效利用资产创造利润的能力。投资者和融资机构可以通过分析企业的资产回报率来判断其是否能够有效地利用投入的资金和资源。如果一个中小企业的资产回报率高，这意味着它能够以相对较低的投资获得更高的回报，这对于吸引投资者和融资机构来说是有利的。

### （三）提升投资者和融资机构的信心

提升投资者和融资机构的信心对于中小企业来说至关重要，财务分析在这方面发挥了关键作用。通过财务分析，中小企业能够向投资者和融资机构展示其财务健康状况、盈利能力和稳定性，从而增强他们对企业的信心。这种信心的提升能够鼓励投资者和融资机构更加愿意将资金投入中小企业中。

财务分析还能够揭示企业的风险因素和风险管理能力。通过详细分析企业的财务数据和指标，投资者和融资机构可以更加清晰地了解企业所面临的风险，并对其风险管理能力有所了解。这种透明度使投资者和融资机构能够更加明智地评估企业的潜在风险和回报，并作出相应的决策。

投资者和融资机构对企业的风险有清晰的认识，可以帮助他们更好地管理自身的投资组合。财务分析提供了数据支持，使他们能够更加全面地评估中小企业的投资潜力和回报预期。这样，他们能够更好地分散风险，优化投资组合，并在投资决策中更加谨慎。

## （四）增加融资和投资机会

通过准确可靠的财务分析报告，中小企业能够增加融资和投资的机会。这些报告提供了企业财务状况的全面信息，使得投资者和融资机构能够对企业的财务状况有充分的了解。当投资者和融资机构相信企业具有投资价值和增长潜力时，他们更有可能提供资金支持。

财务分析为中小企业赢得更多融资和投资的机会提供了重要的帮助。通过详细的财务报告和分析，企业能够向潜在的投资者和融资机构展示其过去的经营绩效、盈利能力、现金流情况以及未来的发展计划。这种透明度可以增加投资者和融资机构对企业的信心，并使他们更倾向于提供资金支持。

融资和投资对于中小企业的发展和扩大至关重要。这些资金可以用于购买设备、扩大生产能力、开展市场推广、研发新产品或进入新市场等。通过增加融资和投资机会，中小企业可以获得更多的资金来源，从而实现更快速的发展和扩张。这些资金可以用于支持企业的运营，并在激烈的市场竞争中占据优势。

融资和投资还可以帮助中小企业吸引人才、积累专业知识。有了足够的资金支持，企业可以提供具有竞争力的薪酬和福利待遇，吸引高素质的员工加入。此外，融资和投资也可以帮助企业聘请专业的顾问和咨询公司，提供战略规划、市场分析和业务发展等方面的专业知识和建议。

总之，中小企业财务分析在吸引投资者和融资机构方面起着重要作用。通过提供可靠的财务信息、展示企业的潜力和回报能力、提升投资者和融资机构的信心，中小企业可以增加融资和投资的机会，为企业的发展提供稳定的资金支持。因此，中小企业应该重视财务分析工作，并确保财务数据的准确性和透明度，以吸引更多的投资和融资机构的关注和支持。

综上所述，中小企业财务分析在中小企业管理中扮演着重要的角色。它可以帮助管理者全面了解企业的财务状况、辅助决策制定、发现问题与风险、评估经营绩效和效率，以及吸引投资者和融资机构。通过财务分析，中小企业可以实现有效的财务管理和战略规划，为企业的可持续发展提供支持。

# 第三节　中小企业的增长管理

中小企业的增长管理是指企业在发展过程中如何有效地管理和促进企业的持续增长。在中小企业的财务管理中，实现良好的增长管理对于企业的长期发展至关重要。

## 一、增长的本质

### （一）增长不仅仅是企业规模的扩大

增长对于企业来说，并不仅仅是规模的扩大。尽管企业规模的扩张是增长的一种体现，但增长的本质远不止于此。当中小企业追求增长时，它们需要从多个方面进行考虑和努力。

企业可以通过增加市场份额来实现增长。这意味着企业需要扩大自己在市场中的占有率，争取更多的客户和销售额。为了实现这一目标，企业可以采取不同的策略，如提供更具竞争力的价格、改进产品质量、加强市场营销和推广活动等。通过积极争取市场份额，企业可以增加销售额和市场份额，从而实现增长。

产品和服务的创新也是实现增长的重要手段。企业应该不断地进行研发和创新，推出具有竞争力和创新性的产品和服务。这不仅可以吸引现有客户的关注和购买，还可以扩大企业的客户群体，吸引新的市场份额。通过持续的创新，企业可以保持竞争优势，为自身的增长提供动力。

扩展客户群体也是实现增长的重要方面。企业应该寻找新的市场和客户群体，以拓展自己的业务范围和市场份额，涉及进入新的地理区域、开拓新的市场细分，或者针对新的客户需求开发新的产品和服务。通过不断扩展客户群体，企业可以增加销售渠道和销售额，促进增长。

为了实现增长目标，企业需要进行市场调研和分析，以明确自身的增长机会和潜力。了解市场需求、竞争环境和消费者行为等信息，可以帮助企业制订相应的战略。这样的战略涉及市场定位、产品定价、市场推广、渠道管理等方面，以促进增长和提高企业的竞争力。

## （二）增长涉及利润的提高

增长涉及利润的提高是指企业在追求增加销售额的同时，也要关注如何提高利润水平。对于中小企业来说，实现利润增长可以通过多种手段来实现。

其一，提高销售价格。通过适度提高产品或服务的售价，企业可以增加每个销售单位的利润。然而，这需要仔细平衡价格与市场竞争力之间的关系，以确保价格调整不会导致销售量下降。

其二，优化成本结构。这意味着企业需要审查和分析各个成本项目，找到降低成本的潜在机会。例如，通过采购策略的改进来降低原材料成本，或者通过改善生产流程来提高生产效率并减少劳动力成本。通过降低成本，企业可以实现利润的增加。

其三，改进运营效率。中小企业可以通过流程再造、自动化技术和信息系统的应用等手段来提高运营效率。通过减少资源浪费、提高工作效率和降低错误率，企业可以节省时间和成本，从而增加利润。

在实现利润增长的过程中，财务管理起着关键的作用。财务管理需要关注利润率的提升和资金利用效率的改善。利润率是指企业每个销售单位所获得的利润，提高利润率可以通过提高销售价格、降低成本和优化销售组合等方式来实现。同时，优化资金利用效率可以帮助企业更有效地运用资金，减少财务成本并提高资金回报率，从而支持企业的可持续增长。

### （三）增长需要创新能力的增强

在竞争激烈的市场环境中，中小企业面临着巨大的压力，需要不断提升创新能力以保持竞争优势。创新能力是指企业在产品、市场和需求等方面的创新能力和敏锐度。对于中小企业而言，创新能力的增强至关重要。

创新能力的增强对中小企业来说意味着不断推出新产品和服务。市场的需求不断变化，消费者对新颖、独特和有竞争力的产品的需求也在不断增加。中小企业需要通过创新来满足这些需求，不断研发出符合市场潮流和消费者偏好的新产品，不仅可以提高企业的市场份额，还可以在竞争中脱颖而出，获得更多的商机。

创新能力的增强还意味着中小企业需要开辟新市场。在竞争激烈的市场中，现有市场往往已经被大企业占据，中小企业很难在这些市场中找到立足之地。因此，中小企业需要通过创新来开辟新的市场空间，寻找尚未被开发的细分市场和新的商机。这需要企业具备洞察力和创造力，能够发现并满足市场中的潜在需求，从而获得竞争优势。

创新能力的增强还需要财务管理的支持。创新活动通常需要大量的研发投入和资金支持。中小企业在财务管理方面需要确保创新活动的资金来源和使用能够得到有效管理和支持，以保证创新能力的持续提升。财务管理还需要在资金分配方面灵活应对，根据创新项目的风险和预期收益进行合理的资金配置，以最大限度地提高创新活动的成功率。

创新也伴随着一定的风险。财务管理需要在创新过程中保持财务稳定，确保企业不会因为创新活动而陷入财务困境。这就需要对创新项目进行风险评估和控制，并制定相应的财务策略和措施，以降低财务风险并确保企业的可持续发展。

### （四）将增长战略融入财务管理

将增长战略融入财务管理是一项关键任务，它要求企业在财务决策和规划中充分考虑和支持战略目标的实现。财务管理不再只是一种被动的资金管理工具，而是成为企业增长战略的有力支持者和推动者。

财务管理需要与战略规划紧密结合。企业应该将财务管理纳入整体战略规划的过程中，确保财务目标与战略目标的一致性。这意味着企业需要明确制定财务目标，以支持并促进战略目标的实现。通过与战略规划的结合，财务管理可以更好地理解企业的战略需求，并将资金和资源分配到最具战略意义的领域。

建立绩效评估体系是将增长战略融入财务管理的关键步骤。企业需要建立有效的绩效评估指标和体系，以衡量财务管理在支持增长战略方面的表现。这些指标包括财务指标（如利润率、回报率等）和非财务指标（如市场份额、客户满意度等）。通过绩效评估，企业可以及时发现并纠正财务管理中的问题，确保资金的合理配置和投资的有效利用。

财务预测和规划也是将增长战略融入财务管理的重要手段。企业应该进行全面的财务预测，以预测未来的资金需求和投资机会，从而为实施增长战略做好准备。通过规划资金的流动和使用，企业可以更好地把握财务资源，使其与增长战略保持一致。

综上所述，理解增长的本质是中小企业在财务管理中实现可持续增长的关键。企业需要明确增长的目标，不仅仅局限于规模的扩大，还要关注市场份额的增加、利润的提高以及创新能力的增强。财务管理应与增长战略相结合，为实现增长目标提供支持和指导。

## 二、增长战略的制定

### （一）市场扩展

市场扩展对于中小企业的增长至关重要。它是一种战略方法，通过进入新的市场、扩大现有市场份额以及开发新的客户群体等方式，为企业创造增加销售和盈利的机会。财务管理在市场扩展中发挥着重要的作用，它确保企业有足够的资金来支持市场开拓活动。

财务管理在市场扩展中需要确保企业具备足够的资金。市场调研是市场扩展的关键步骤之一，它需要投入资金来了解目标市场的需求、竞争情况以及市场潜力。财务管理需要预留足够的资金用于市场调研，以确保企业能够准确地了解市场并制定相应的市场拓展策略。

财务管理在市场扩展中需要考虑推广费用。市场扩展需要将企业的产品或服务推向更广泛的受众。这意味着需要投入资金用于广告、宣传、促销等推广活动，以提高品牌知名度和吸引更多的潜在客户。财务管理需要在有限的预算内合理分配推广费用，确保获取最大的推广效益。

财务管理还需要关注销售渠道的建设。进入新的市场或扩大市场份额通常需要建立新的销售渠道或加强现有渠道的能力，涉及开设新的销售点、与分销商建立合作关系或者发展电子商务渠道等。财务管理需要评估不同销售渠道的成本和效益，并为其提供资金支持，以确保销售渠道的有效运作。

除了资金支持，财务管理还需要对市场扩展的风险和回报进行评估。市场扩展可能面临各种风险，如市场竞争加剧、消费者需求变化等。财务管理需要在资金分配中权衡这些风险，并对预期回报进行评估。这有助于确保资金的合理分配，以最大程度地降低风险并实现可持续的增长。

## （二）产品创新

产品创新是中小企业实现增长的一种重要方式。通过产品创新，企业可以不断开发新产品、改进现有产品以及提供定制化产品，以满足市场的需求。在产品创新过程中，财务管理发挥着重要的作用。

财务管理需要确保企业有足够的研发投资和资金支持创新活动。研发是产品创新的核心，需要投入大量资源进行技术研究和开发。财务管理团队负责评估研发项目的成本，并确定适当的资金来源，以支持新产品的开发和改进。

财务管理在产品创新中需要评估潜在的收益和风险。产品创新可能带来新市场机会和竞争优势，但同时也存在市场接受度、技术可行性和竞争风险等方面的考量。财务管理团队需要对产品创新进行风险评估，并权衡可能的回报和潜在风险，以作出合理的决策。

财务管理还需要进行资金的合理配置和预算控制。在产品创新过程中，不仅需要投入资金进行研发，还需要考虑市场推广、生产和销售等环节的资金需求。财务管理团队需要根据企业的财务状况和市场需求，合理配置资金，并进行预算控制，以确保产品创新活动的顺利进行。

### （三）渠道拓展

渠道拓展是中小企业实现增长的重要途径之一。通过渠道拓展，企业可以扩大市场份额，增加销售额，并与更多的客户建立联系。在进行渠道拓展时，中小企业可以采取多种方式来拓展自身的销售网络。

建立新的销售渠道。中小企业可以考虑与新的分销商或经销商建立合作关系，通过他们的销售网络将产品或服务引入新的市场。这种合作可以为企业提供更广泛的销售渠道，帮助企业开拓新的客户群体。

与现有的分销商合作。中小企业可以与已经建立起稳定关系的分销商合作，共同推动产品或服务的销售。通过与分销商的合作，企业可以借助他们的销售网络和渠道资源，更好地推广产品，提高销售量。

拓展电子商务渠道。随着互联网的普及和电子商务的快速发展，中小企业可以通过建立在线商店、开展电子营销等方式，将产品或服务推向更广阔的市场。电子商务渠道可以为企业带来全天候的销售机会，并且可以通过网络广告和社交媒体等渠道进行更精准的市场推广。

在渠道拓展过程中，财务管理的作用至关重要。财务管理需要确保企业在渠道拓展活动中有足够的资金支持，包括用于渠道建设、物流配送以及市场推广等方面的费用。财务管理还需要评估渠道拓展的成本和效益，并进行资金的合理分配和预算控制。通过有效的财务管理，企业可以在渠道拓展过程中保持良好的资金流动，确保渠道拓展活动的顺利进行。

## （四）资金合理配置

资金合理配置是财务管理中的一个重要方面，它涉及制定增长战略的同时如何确保资金的合理分配和利用。在实施增长战略的过程中，财务管理需要考虑到增长战略的重点领域和阶段性需求，合理划分资金的投入比例。

为了实现资金的合理配置，财务管理需要进行资金预测和规划。这意味着根据企业的增长战略，财务部门需要对未来一段时间内的资金需求进行预测，并相应地制订资金筹集和使用的计划。通过对资金的预测和规划，企业可以确保在实施增长战略时有足够的资金支持，从而避免因资金不足而导致战略无法顺利执行的情况发生。

财务管理还需要进行资金的风险管理。这意味着在资金配置过程中，需要注意避免过度依赖借款和融资活动。过度依赖借款和融资活动可能会导致企业面临较大的债务负担和财务风险。因此，财务管理需要在资金配置时综合考虑内部资金和外部融资的比例，以及借款的成本和偿还能力等因素，从而保持资金的稳健和可持续性。

## （五）投资有效利用

投资的有效利用对于实施增长战略至关重要。中小企业在制定增长战略时通常需要考虑资本投资、技术升级和人才引进等方面。财务管理的角色在于评估这些投资项目的回报率和风险，并作出相应的投资决策和资金配置，以实现最大化的投资回报和增长目标。

财务管理需要评估投资项目的回报率。这意味着对每个潜在投资项目进行详尽的分析和评估，以确定其带来的收益和利润。通过对投资项目进行回报率分析，财务管理可以确定哪些项目具有潜力，能够为企业带来良好的投资回报。这种评估也有助于排除风险较高或回报较低的项目，从而确保投资资源得到有效利用。

财务管理需要考虑投资项目的风险。每个投资都伴随着一定的风险，包括市场风险、竞争风险和经济环境风险等。财务管理人员需要对这些风险进行评估，并权衡风险与回报之间的关系。他们需要确定企业能够承担的风险水平，并确保投资项目的风险与企业的风险承受能力相匹配。通过合理评估风险，财务管理可以最大限度地降低投资项目带来的潜在风险，并确保企业的可持续增长。

财务管理需要进行资金的有效配置。这意味着将有限的资金分配到最具优势和潜力的投资项目中，以实现最大程度的投资回报和增长目标。财务管理人员需要根据投资项目的回报率、风险和企业的长期战略目标来制订资金配置计划。他们需要权衡不同投资项目之间的优先级，并确保资金分配符合企业的整体战略方向。这样，财务管理可以确保资金被有效地用于支持增长战略的实施，并最大化企业的价值和竞争力。

综上所述，制定适合自身发展的增长战略对于中小企业的财务管理至关重要。财务管理需要与战略规划紧密结合，确保资金的合理配置和投资的有效利用，以支持企业的增长战略。同时，财务管理需要进行风险评估和预算控制，确保增长战略的可行性和可持续性。

## 三、资金管理

资金管理是中小企业增长管理中的重要方面。在增长过程中，中小企业常常会面临资金紧张的问题，因此需要采取有效的资金管理措施。

### （一）现金流管理

现金流管理是指企业对资金流入和流出的管理和监控。对于中小企业而言，良好的现金流管理至关重要。它涉及企业建立有效的机制来预测和监测现金流的状况和变化趋势，以确保企业具备足够的现金流来满足日常运营和发展需求。

现金流管理需要企业准确预测和规划资金流入和流出的时间和金额。这意味着企业需要对市场需求、销售周期、供应链以及其他与资金流动相关的因素进行深入分析和研究。通过预测和规划，企业可以更好地掌握未来资金流动的趋势，并据此作出相应的决策。

现金流管理要求企业及时了解现金流的状况和变化趋势。这意味着企业需要建立有效的监控机制，例如定期进行现金流分析和报告，以便及时发现和解决潜在的现金流问题。通过及时了解现金流状况，企业可以避免出现资金短缺的情况，并采取必要的措施来保持稳定的现金流。

良好的现金流管理还需要企业关注资金的使用效率。企业应该审查和优化运营流程，以减少不必要的开支和资金浪费。此外，企业还可以通过与供应商和客户的合作，优化支付和收款的时间和方式，以提高资金的周转效率。

除了日常经营需求，现金流管理还涉及企业的发展需求。企业需要考虑未来的投资计划和扩张战略，并相应地进行资金规划。通过对资金需求的准确预测和规划，企业可以确保在发展过程中有足够的资金支持，并避免因资金不足而错失机会。

## （二）资本结构优化

资本结构优化是指中小企业需要对其资本结构进行合理调整和优化。资本结构主要包括债务和股权的比例与结构，它对企业的融资成本、财务稳定性和灵活性等方面都有重要影响。

在确定最佳的资本结构时，中小企业应该考虑自身的情况和需求。不同企业可能有不同的融资需求和风险承受能力，因此其资本结构也会有所差异。例如，某些企业可能更倾向于债务融资，以降低股权成本和保留经营控制权，而其他企业可能更倾向于股权融资，以吸引投资者和分享风险。

优化资本结构的目标之一是平衡债务和股权的利用。过度依赖债务融资可能会增加企业的财务风险，特别是在面临利率上升或偿债能力下降的情况下。相反，过多发行股权可能会稀释现有股东的权益并降低控制权。因此，中小企业需要在债务和股权之间寻求适当的平衡，以最大程度地满足其融资需求并降低风险。

　　资本结构优化还可以通过降低融资成本来提高企业的竞争力。债务融资通常具有较低的成本，因为借款人只需支付利息，而无须向债权人转让所有权。然而，股权融资可能会产生更高的成本，因为投资者通常期望获得股权收益。因此，中小企业可以通过合理安排债务和股权的比例，以及寻找低成本的融资渠道来降低融资成本，从而提高企业的竞争力。

　　资本结构优化还可以增强企业的财务稳定性和灵活性。合理的资本结构可以帮助企业应对不同的经济环境和市场波动。通过降低财务杠杆比例和维持适度的现金流，企业可以减少财务风险，并更好地应对不确定性。此外，灵活的资本结构还可以为企业提供更多的融资选择和机会，使其能够更快地适应市场变化和扩大业务规模。

　　总之，中小企业在资本结构优化方面需要考虑自身情况和需求，寻求债务和股权的平衡，降低融资成本，提高财务稳定性和灵活性。通过合理调整资本结构，企业可以更好地满足其融资需求，降低风险，并提高竞争力。

### （三）融资渠道选择

　　融资渠道的选择对企业的运营和发展至关重要，中小企业在获取所需资金时，需要认真考虑选择适合自身情况的融资渠道。

　　企业应该考虑自身的规模和发展阶段，不同规模和发展阶段的企业所需的融资金额和方式可能存在差异。例如，初创企业可能更倾向于通过股权融资或众筹方式来获得资金，而成熟企业可能更容易获得银行贷款或债券发行。

　　企业的信用状况也是选择融资渠道时需要考虑的因素之一。银行贷款和债券发行通常需要企业具备一定的信用背景和还款能力，而股权融资和众筹则相对更为灵活，不太受企业信用状况的限制。因此，企业需要评估自身的信用状况，并根据信用情况选择适合的融资渠道。

　　资金需求也是选择融资渠道时需要考虑的重要因素。不同的融资渠道可能有不同的资金额度限制，企业需要根据自身的资金需求确定选择最合适的渠道。如果企业需要较大额度的资金支持，可能需要考虑债券发行或银行贷款等渠道；

而如果企业的资金需求较小，股权融资或众筹可能更为适合。

企业在选择融资渠道时还应该考虑融资成本、风险和期限等因素。不同的融资方式可能会有不同的成本和风险，企业需要综合考虑这些因素并进行评估。例如，银行贷款可能会有利息成本，而股权融资可能会涉及股权稀释和权益分配的问题。此外，融资的期限也是需要考虑的因素，企业需要根据自身的经营情况和还款能力来选择适合的期限。

## （四）风险管理

风险管理在资金管理过程中扮演着重要的角色。企业在进行资金管理时，需要认真评估和控制与之相关的各种风险，以确保资金的安全和稳定。这些风险可能包括但不限于流动性风险、利率风险和汇率风险。

流动性风险是指企业面临的无法及时获得足够流动资金的风险。当企业遇到紧急情况或者经营出现困难时，如果没有足够的现金流来支持日常运营和偿付债务，将会面临严重的财务风险。因此，企业需要制定适当的措施来管理流动性风险，例如确保有足够的现金储备、建立紧急备用信贷线等。

利率风险是指企业由于市场利率的变动而导致的资金成本和利息收入的波动风险。企业通常会面临着利率上升或下降的风险，这可能会对企业的借贷成本和投资回报率产生影响。为了应对利率风险，企业可以考虑采取利率套期保值等策略，以锁定利率或者通过利率敏感性分析来评估和管理风险。

汇率风险也是企业在资金管理中需要重视的风险之一。随着全球化的发展，企业可能涉及跨国贸易或者在国际市场上进行资金活动，因此会面临来自外汇市场的风险。汇率波动可能会对企业的收入、成本和债务产生直接的影响，因此企业需要采取相应的汇率风险管理措施，如进行外汇对冲操作或者在合适的时机进行汇率锁定。

为了有效管理这些风险，企业可以采用各种风险管理工具和策略。其中，衍生品如期货、期权和互换合约等是常见的用于风险管理的工具。通过利用这些衍生品进行套期保值操作，企业可以降低因风险波动带来的不确定性。此外，企业还可以建立储备金，以应对突发的风险事件或者资金需求的变动。

## （五）资金利用效率

资金利用效率是中小企业需要高度关注和优化的方面。它指的是企业在资金运作和管理方面的表现，主要包括资金的使用和投资安排、资金配置的优化以及利润回报的最大化。

首先，中小企业应合理安排资金的使用和投资。这意味着企业需要根据实际需求和经营目标，合理地运用资金。合理的资金使用涉及资金的分配、支付和借贷等方面，以确保企业的运营资金充足且能够满足日常经营需求。此外，中小企业还应审慎决策资金的投资，选择能够带来长期收益的项目，同时要注意风险评估，确保投资回报能够与风险相匹配。

其次，优化资金的配置也是提高资金利用效率的重要手段。中小企业需要仔细考虑如何将资金分配到不同的经营活动中，以实现最佳效果。这可能涉及对不同部门或项目的资金调配，确保资源的合理利用。通过合理的资金配置，企业能够更好地满足市场需求、增加竞争力，并且在不同的经营活动中实现资金的最大化利用。

最后，中小企业应关注资本项目的收益率。在进行投资决策时，企业需要评估不同项目的预期收益和风险，并根据经济效益进行选择。这意味着企业需要进行充分的风险评估和经济效益分析，以确保投资项目的合理性和可持续性。通过关注资本项目的收益率，中小企业可以更好地规划资金的使用，降低风险，并最大限度地增加企业的价值。

## （六）监控与报告

监控与报告在中小企业的资金管理中起着至关重要的作用。建立一个有效的监控和报告机制，能够使企业及时了解资金的状况和变化，从而保证资金管理的有效性。

中小企业可以通过定期的财务报表分析来监控资金状况。财务报表提供了企业的财务信息，包括资产、负债和所有者权益等方面的数据。通过对这些数据的分析，企业可以了解自己的资金来源和使用情况，以及可能存在的风险和问题。例如，财务报表可以显示企业的现金余额、应收账款和应付账款等项目，通过比较不同时间点的数据，可以判断企业的资金状况是否稳定，是否存在流动性问题。

现金流量表也是资金管理监控的重要工具。现金流量表记录了企业在一定时期内的现金流入和流出情况，可以帮助企业了解自己的现金流动情况。通过对现金流量表的分析，企业可以判断自己的现金流量是否充裕，是否存在资金短缺的风险。此外，现金流量表还可以帮助企业识别资金流入和流出的主要来源，从而指导企业进行资金的合理运用和规划。

资金预测也是监控和报告的重要内容之一。通过对未来一段时间内的资金需求和来源进行预测，企业可以提前做好资金安排和准备。资金预测可以基于企业的经营计划和预算，考虑销售收入、成本支出、投资计划等因素，预测未来的资金流动情况。通过准确的资金预测，企业可以及时调整自己的资金筹集和使用计划，以应对可能出现的资金压力或及时抓住机会。

通过建立监控和报告机制，中小企业能够及时发现资金管理方面的问题，并采取相应的措施进行调整和改进。例如，如果财务报表分析显示企业的现金流出超过了预期，企业可以采取节约成本、增加收入等措施来降低资金压力；如果资金预测显示未来资金需求较大，企业可以寻求额外的融资渠道，以满足资金需求。监控和报告使企业能够对资金管理进行有效的监督和控制，从而提高资金使用的效率和准确性。

综上所述，中小企业在增长过程中需要进行有效的资金管理。通过良好的现金流管理、资本结构优化、融资渠道选择、风险管理、资金利用效率和监控与报告等方面的措施，中小企业可以确保资金的充分利用和稳定供应，提高财务稳定性和企业增长能力。

## 四、控制风险

在追求增长的过程中，中小企业面临各种风险，包括但不限于市场风险、信用风险和流动性风险等。为了确保增长的可持续性和稳定性，企业需要将风险管理纳入财务管理的范畴，并建立相应的风险评估和控制机制。

### （一）市场风险

市场风险是企业在经营过程中所面临的一种风险，它源于市场的不确定性和激烈的竞争。中小企业特别容易受到市场风险的影响，因为它们通常没有像大型企业那样的资源和规模优势，难以承受市场的剧烈波动和竞争的压力。

市场风险的一个主要方面是市场份额下降。当市场竞争加剧时，企业的市场份额可能会受到其他竞争对手的侵蚀，导致销售额和利润下降。这可能是因为竞争对手推出了更具竞争力的产品、提供了更好的服务或以更低的价格销售产品。中小企业需要密切关注市场动态，及时调整自身的产品定位和市场策略，以保持或扩大自己的市场份额。

另一个市场风险是产品需求下滑。市场需求的变化是不可预测的，中小企业的产品可能会因为消费者偏好的改变、技术进步或其他因素而失去市场吸引力。如果产品需求下滑，企业将面临销售额减少、库存积压和利润下降的风险。为了应对这些风险，企业需要密切关注消费者需求的变化，进行市场调研和分析，以及及时调整产品设计和创新，以满足市场的需求。

价格波动也是市场风险的一个重要方面。市场价格的波动可能导致企业的成本增加或产品售价下降，从而对利润率和竞争力造成负面影响。中小企业需要制定灵活的供应链战略，以应对价格波动带来的挑战。这包括与供应商建立稳定的合作关系，寻找成本更低的原材料来源，以及优化生产和物流流程，以降低成本并提高效率。

为了控制市场风险，中小企业还需要建立灵活的销售网络。多样化的销售渠道可以帮助企业降低对单一市场的依赖，分散风险，并寻找新的市场机会。企业可以通过在线销售平台、实体店铺、合作伙伴渠道等方式来扩大销售网络，提高产品的可见性和市场覆盖范围。

## （二）信用风险

信用风险是企业在经营活动中可能面临的一种风险，它涉及交易对手可能违约或延迟付款的情况。这种风险尤其对中小企业来说是一个常见的问题，因为它们需要与多方进行业务往来，包括客户、供应商和金融机构等。

对于企业而言，信用风险的存在可能会导致重大的经济损失和财务困境。当客户无法按时支付货款或者供应商无法按时提供所需产品时，企业的现金流可能会受到严重影响。此外，如果企业过于依赖于外部融资，并且无法按时获得资金支持，也会增加信用风险。

为了控制信用风险，企业可以采取一系列措施。

首先，建立一个完善的客户信用评估体系是至关重要的。通过对客户的信用状况、历史付款记录等进行评估，企业可以更好地了解客户的还款能力和信用风险水平。这样可以避免与潜在风险较高的客户进行交易，从而降低风险。

其次，与信誉良好的供应商建立稳定的合作关系也是减轻信用风险的一种方式。与可靠的供应商建立长期合作关系，可以确保及时供货和稳定质量，减少供应商失信方面的风险。合理管理企业的应收账款和应付账款也是重要的措施之一。及时催收应收账款，确保客户按时支付款项，可以减少企业自身的信用风险。同时，合理安排应付账款的支付时间，避免逾期支付给供应商带来的信用风险。

最后，积极与金融机构沟通，寻求适当的融资支持也是降低信用风险的一种方式。与银行或其他金融机构建立良好的关系，可以为企业提供更多的融资渠道和资金支持，缓解资金压力，降低信用风险。

## （三）流动性风险

流动性风险是指企业在短期内无法满足支付债务和应付账款的能力。这意味着企业可能会面临现金流不足或资金链断裂等问题，从而导致无法按时支付债务或满足其他短期财务需求。尤其对于中小企业来说，流动性风险可能会对其生存和发展产生严重影响。

为了控制流动性风险，企业需要建立有效的现金流管理机制。

首先，制定预算和现金流预测是至关重要的。通过准确预测未来的现金流情况，企业可以更好地规划资金的使用和调度，避免出现资金短缺的情况。预算和现金流预测还可以帮助企业及时发现潜在的流动性问题，并采取相应的措施进行调整。

其次，优化资金使用和资金调度也是控制流动性风险的重要措施。企业需要审慎管理资金，确保将资金用于最有效的途径，避免浪费和不必要的支出。此外，合理的资金调度也可以帮助企业在需要时及时调动资金，以满足债务和应付账款的支付需求。

再次，企业还应该合理管理存货和应收账款，以降低流动性风险的影响。过多的存货可能导致资金被占用，而无法用于支付债务和其他短期财务需求。因此，企业需要密切监控存货水平，并采取相应的措施来优化存货管理。对于应收账款，企业需要积极催收欠款，确保及时收回资金。

最后，与金融机构合作也是应对流动性风险的一种方式。企业可以与银行或其他金融机构建立良好的关系，以寻求短期融资工具的支持，例如短期贷款、保函和信用证等。这些融资工具可以提供额外的流动性，帮助企业渡过资金紧张的时期。

综上所述，中小企业在追求增长的过程中需要重视风险管理。通过建立风险评估和控制机制，有效控制市场风险、信用风险和流动性风险，企业能够提高经营的可持续性和稳定性，为增长创造更有利的条件。

## 五、绩效评估和监控

### （一）制定关键绩效指标

关键绩效指标（KPI）是一种用于衡量企业绩效和达成目标的重要指标体系。在中小企业中，制定适合自身业务特点和战略目标的 KPI 具有重要意义。

中小企业应该根据其业务特点和发展方向确定 KPI。这些指标应该与企业的战略目标密切相关，并能够反映出企业的核心业务和竞争优势。例如，一个销售型企业可能会将销售额作为一个重要的 KPI，因为它直接关系到企业的盈利能力。另外，一个市场份额较小但利润率较高的企业可能更关注利润率，并将其作为关键绩效指标。

KPI 应该具备可衡量性和可比较性。这意味着 KPI 应该是可以定量衡量的，并且可以与过去的数据或其他企业进行比较。例如，销售额是一个可以直接量化的指标，可以通过与以往销售数据进行比较来评估企业的增长情况。同样，市场份额可以通过与竞争对手进行比较来评估企业在市场中的地位。在制定 KPI 时，企业还应该考虑到不同层级和部门的需求。不同的职能部门可能有不同的 KPI，以便更好地衡量各自的绩效。例如，销售团队可能会关注销售额和客户满意度，而生产部门可能会关注成本效益和产品质量。

KPI 应该是可操作的。这意味着企业能够采取具体的行动来改进 KPI。例如，如果某个企业的客户满意度较低，它可以采取措施改善客户服务质量或提供更多的增值服务，以提升客户满意度指标。

### （二）建立预算和报告体系

建立预算和报告体系是中小企业实现绩效评估和监控的重要工具。预算和报告体系的目的是比较实际绩效与预期绩效之间的差距，为企业提供全面的绩效评估信息。

　　预算是一种计划和管理财务资源的工具。中小企业应该制定年度预算，其中包括财务数据、业务数据和关键绩效指标。财务数据方面，预算可以涵盖收入、支出、利润等方面，帮助企业掌握资金的流动情况；业务数据方面，预算可以包括销售额、生产成本、运营费用等，以衡量企业在经营活动方面的表现；关键绩效指标则可以是客户满意度、市场份额、员工绩效等，用于评估企业在关键领域的表现。

　　定期报告是企业评估绩效的重要手段。中小企业应该制定定期报告的频率和内容，例如每月、每季度或每年。这些报告应该包括实际绩效数据和预期绩效数据的比较，以及对差距的分析和解释。通过定期报告，企业可以及时了解自身的经营状况，发现问题并采取相应的措施。报告还可以提供决策者所需的信息，以便他们能够做出正确的战略决策。

## （三）及时了解企业状况

　　及时了解企业状况对于企业的经营管理至关重要。通过进行绩效评估和绩效监控，企业能够及时了解自身的经营状况和财务状况，从而更好地把握企业的发展动态。

　　绩效评估是一种对企业运营情况进行全面评估的方法。通过对企业各项指标的分析和比较，可以了解企业在销售额、利润、市场份额等方面的表现。这些数据能够揭示出企业存在的问题和潜在的机会。例如，如果发现销售额下降，就可以及时调整销售策略或者开拓新的市场，以提振业绩。而如果发现某个产品线的利润率较高，就可以加大对该产品线的投入，进一步优化资源配置。

　　绩效监控是对企业运营情况进行实时监测的手段。通过建立有效的监控系统和指标体系，企业可以及时了解各项业务的进展情况。例如，通过监控销售渠道的效果，企业可以判断哪些渠道的效果较好，哪些渠道需要进行优化或者淘汰。此外，还可以监控资金流动情况，及时发现资金周转不畅或者风险预警信号，从而采取相应的措施，保证企业的财务状况稳健。

　　通过及时了解企业状况，企业能够在竞争激烈的市场环境中保持敏锐的洞察力。及时发现问题和机会，能够帮助企业调整战略，及时采取行动。例如，如果发现市场需求发生变化，企业可以及时调整产品结构或者推出新的产品，以满足市场需求。此外，通过了解竞争对手的状况，企业可以及时制定竞争策略，提前预防潜在风险。

### （四）调整策略和采取措施

调整策略和采取措施是企业在绩效评估和监控的基础上进行的重要步骤。绩效评估是对企业过去一段时间内的表现进行客观评价和量化分析的过程，它提供了决策的依据。通过与预期目标进行比较，企业可以发现实际绩效与预期目标之间的差距，并及时采取行动来纠正偏差，实现预期的增长目标。

一种常见的策略调整是改进营销策略。通过对市场需求的重新评估和消费者行为的研究，企业可以根据绩效评估结果调整其营销策略，包括重新定位产品或服务，改善产品的特点和功能，加强品牌推广，优化销售渠道等。通过这些措施，企业可以更好地满足市场需求，提高产品或服务的竞争力，从而实现预期的增长目标。

另一种常见的措施是优化成本结构。绩效评估可以揭示出企业在成本方面的问题，比如过高的运营成本、低效的资源利用等。企业可以根据这些评估结果采取相应的措施来优化成本结构，例如减少不必要的开支、优化生产流程、提高资源利用效率等。通过降低成本，企业可以提高利润率，增强竞争力，并为未来的增长提供更多的资金支持。

加强研发创新也是一种常见的策略调整和措施。绩效评估可以揭示出企业在产品或服务创新方面的不足，比如缺乏新产品的开发、技术落后等。企业可以根据评估结果加大对研发创新的投入，通过引入新技术、开展新产品研发等措施来提高创新能力和竞争力。通过不断创新，企业可以满足市场不断变化的需求，获得竞争优势，并实现预期的增长目标。

## （五）激励和奖励机制

激励和奖励机制是中小企业常用的管理工具，它们通过绩效评估和监控来为其提供基础。这些机制旨在激发员工的积极性和创造力，从而提高团队的工作效率。

绩效评估是一个关键的步骤，它通过对员工的表现和成果进行评估，量化他们在工作中的贡献程度。这可以通过定期的绩效评估和评估指标的设定来实现。绩效评估可以提供对员工表现的客观反馈，帮助他们了解自己的强项和改进空间。

在绩效评估的基础上，中小企业可以设立激励和奖励机制来回馈员工的努力和成就。其中一个常见的形式是绩效奖金，根据员工的绩效表现给予额外的奖励，可以激发员工的积极性，并为他们提供实质性的回报。

晋升机会也是一种重要的激励和奖励机制。通过晋升，员工可以获得更高的职位，这不仅是对他们过去工作的认可，也是一种激励，激发他们进一步努力，提高自己的能力。

培训和发展也是激励和奖励机制的一部分。中小企业可以为员工提供培训机会和专业发展计划，帮助他们提升技能和知识，实现个人和职业成长。这种机制可以激发员工的求知欲，同时也表明企业对他们的支持。

通过激励和奖励机制，中小企业可以建立一个积极的工作环境，激发员工的动力和激情，使他们更加投入和专注于工作。这有助于提高团队合作和工作效率，促进中小企业的发展和成长。然而，激励和奖励机制的设计和实施需要综合考虑组织的目标、员工的需求和外部环境的变化，以确保其有效性和可持续性。

## （六）持续改进绩效管理体系

持续改进绩效管理体系在绩效评估和监控中扮演着重要角色。它是一个持续性的过程，要求企业不断进行评估和监控，以不断优化和改进绩效管理体系。

通过持续改进，企业可以提高绩效评估的准确性和有效性，从而实现长期增长和可持续竞争优势。

持续改进强调了绩效评估的周期性。企业不仅需要进行定期的评估，还需要确保评估的频率和时机能够适应不断变化的业务环境。这意味着企业需要建立一套灵活的评估机制，以便随时捕捉到绩效变化的迹象并采取相应的措施。

持续改进要求企业不仅仅是通过评估绩效，还要进行监控。监控的目的是跟踪和记录绩效指标的实际表现，以及与设定的目标进行对比。通过监控，企业可以及时发现绩效问题并采取纠正措施，以确保绩效管理体系的有效性和准确性。

持续改进注重优化和改进绩效管理体系。绩效管理体系包括一系列的流程、方法和工具，用于评估和管理绩效。通过不断优化和改进这些方面，企业可以提高绩效评估的准确性和有效性。例如，企业可以引入新的评估指标或改进现有的评估方法，以更好地反映业务的实际情况和目标。

持续改进的目标是实现长期增长和可持续竞争优势。通过不断改进绩效管理体系，企业可以识别和利用自身的优势，以及发现和解决潜在的问题和挑战。这种持续的改进过程可以帮助企业保持竞争优势，并实现长期的业务增长和发展。

综上所述，绩效评估和监控对于中小企业的财务管理至关重要。通过制定关键绩效指标、建立预算和报告体系、及时了解企业状况、调整策略和采取措施、设立激励和奖励机制，并持续改进绩效管理体系，中小企业可以更好地实现预期的增长目标，并提升整体业务绩效。

总之，中小企业的增长管理是一个复杂而关键的过程。良好的财务管理在其中起着重要的作用。通过制定明确的增长战略、合理管理资金、控制风险、建立绩效评估和监控机制，并注重创新与合作，中小企业可以实现可持续的增长和发展。

# 第三章　中小企业的作用及价值

在现代经济体系中，中小企业以其独特的活力和创新性，已经成为推动经济发展的重要动力。随着市场经济的发展和科技的进步，中小企业的发展趋势和环境也在不断变化。这使得我们有必要去理解中小企业当前的发展状况，包括其具体的定义、分类、特点，以及在经济社会中的地位和价值。同时，我们也应深入探讨中小企业在财务管理方面所面临的挑战和机遇。

在本章中，我们首先将探讨中小企业的划分与界定（第一节）。通过研究各种不同类型的中小企业，我们可以更好地理解其财务管理的差异和挑战。

其次，我们将深入研究中小企业的特点与作用（第二节）。中小企业的运营模式和业务特性，使其在市场中具有一定的竞争优势，但同时也面临着一系列特殊的财务管理问题。

最后，我们将探讨我国中小企业在经济社会中的地位与价值（第三节）。中小企业在促进就业、推动创新和保持经济稳定方面发挥了重要作用。然而，由于一系列内外部因素，中小企业在获取资金、进行财务管理等方面面临着一定的困难。

在全球化和数字化趋势下，对中小企业当前的深入了解将有助于我们更好地把握其未来发展趋势，以及在财务管理方面的改革和创新机会。希望通过本章的学习，读者能够对中小企业的发展状况有一个全面的、深入的理解。

# 第一节  中小企业的划分与界定

中小企业的划分与界定是确定企业规模和范围的重要依据，不同国家和地区对中小企业的划分标准可能有所不同。一般来说，中小企业的划分可以基于以下几个方面。

## 一、雇员人数

中小企业的划分可以根据企业雇员人数的多少来界定。这是一种常见的划分标准，因为雇员人数反映了企业的规模和劳动力资源使用情况。不同国家或地区可以根据自身的经济状况和产业特点来确定具体的划分标准。

一般而言，根据雇员人数的划分，中小企业可以分为微型企业、小型企业和中型企业。具体的划分标准可能因国家或地区而异，下面是一个常见的划分示例。

1. 微型企业

雇员人数在 10 人以下的企业通常被定义为微型企业。这类企业通常是由少数人创办和经营，雇员规模相对较小，经营范围较为有限。微型企业在经济中扮演着重要的角色，它们常常是创新和创业的孵化器，也是就业机会的重要提供者。

2. 小型企业

雇员人数在 10~50 人之间的企业一般被定义为小型企业。小型企业相对于微型企业来说，雇员规模稍大，经营范围更广，涵盖的业务领域也更多样化。小型企业在经济发展中具有一定的竞争力和创新能力，常常是某个行业或领域的重要参与者。

### 3. 中型企业

雇员人数在 50~250 人之间的企业被定义为中型企业。相对于微型企业和小型企业，中型企业的规模更大，通常有更多的雇员和更多的业务活动。中型企业在经济中扮演着重要的角色，它们往往具备一定的市场份额和竞争优势，能够在行业中发挥重要的支撑作用。

需要注意的是，这只是一个示例，不同国家或地区可能会根据自身的情况对中小企业进行不同的划分。此外，除了雇员人数，还要考虑其他因素，如通过资产规模、营业额或销售收入等来对中小企业进行划分，以综合评估企业的规模和经济实力。

## 二、资产规模

资产规模是划分中小企业的一种常用标准。通过对企业资产规模的划分，可以将企业按照不同的规模级别进行分类，以便更好地了解和管理中小企业群体。在资产规模划分的标准中，通常会考虑企业的固定资产、流动资产和所有者权益等方面。这些资产项可以反映企业的财务实力和经营规模，是评估企业规模大小的重要指标。具体划分中小企业资产规模的标准可以根据国家或地区的实际情况进行制定。一般而言，资产规模划分可以包括以下几个层级。

### 1. 微型企业

这是最小规模的企业，其资产规模较小。根据不同国家或地区的定义，微型企业的资产规模可以涵盖固定资产、流动资产和所有者权益在一定范围内的企业。微型企业通常是由少数人或个人经营，经济规模相对较小。

### 2. 小型企业

小型企业的资产规模相对较大，通常比微型企业规模更大一些。小型企业在固定资产、流动资产和所有者权益等方面的规模较微型企业更大，经营范围和经济活动也相对更广泛。

### 3. 中型企业

中型企业是中小企业中规模最大的一类。其资产规模在微型企业和小型企业之上，具有相对较高的经济实力和市场影响力。中型企业在固定资产、流动资产和所有者权益等方面的规模较大，其经营规模和经济活动更加多样化。

需要注意的是，具体的资产规模划分标准会因国家、地区或行业的不同而有所差异。不同国家或地区可能会根据自身的经济情况和政策需要进行资产规模划分的具体界定。这些划分标准的目的是更好地识别和理解中小企业的规模特征，以便制定相应的支持政策、提供适当的资源和服务，促进中小企业的发展和创新。

## 三、营业额或销售收入

根据企业的营业额或销售收入划分中小企业是一种常见的方法。这种划分标准主要考虑企业的经济规模和市场影响力，以营业额或销售收入作为衡量企业规模的指标。通常情况下，根据营业额或销售收入的不同水平，可以将企业划分为以下几类。

1. 微型企业

微型企业通常是指营业额或销售收入较小的企业。具体的划分标准可能因国家或地区而异，但一般来说，微型企业的营业额或销售收入较低，通常在一定金额以下，可能是几百万甚至几十万元。微型企业通常是刚刚起步或者规模相对较小的企业，因其经济规模相对较小，市场影响力有限。

2. 小型企业

小型企业的营业额或销售收入相对于微型企业而言较高。划分小型企业的具体标准也会因国家或地区而异，一般而言，小型企业的营业额或销售收入较高，通常在几百万元到几千万元之间。小型企业在经济规模和市场影响力上相对于微型企业有一定的提升，可能拥有更多的雇员和更广泛的市场覆盖。

3. 中型企业

中型企业是指营业额或销售收入进一步增加的企业。中型企业的具体划分标准也会因国家或地区而异，但通常中型企业的营业额或销售收入较高，可能在几千万元到几亿元之间。中型企业在经济规模和市场影响力上相对于小型企业有进一步的提升，可能拥有更多的员工和更广泛的市场份额。

需要注意的是，不同国家或地区对于中小企业划分的具体营业额或销售收入标准会有所不同，因此在实际应用中需要参考当地的政策和标准进行划分。这种基于营业额或销售收入的划分方法对于评估企业的经济规模和市场地位有一定的参考价值，同时也为制定针对中小企业的政策和支持措施提供了依据。

除了以上常见的划分标准，还有其他因素可以考虑，如企业的注册资本、行业属性、地理位置等。划分中小企业的目的是更好地制定相关政策、提供支持和促进其可持续发展。因此，不同国家或地区会根据自身的经济特点和政策需要制定适合的中小企业划分标准。

# 第二节  中小企业的特点与作用

## 一、灵活性和创新性

中小企业相对于大型企业来说，具有更高的灵活性和创新性，这使得它们能够更快地适应市场变化，快速调整经营策略，探索新的市场机会，并成为创新的推动者。这些特点使得中小企业在商业环境不断变化和竞争日益激烈的情况下，具有一定的竞争优势。

1. 组织结构简单

中小企业通常具有简单的组织结构和较少的管理层级。相对于大型企业庞大的组织机构，中小企业可以更快地作出决策和调整。这使得它们能够更快地响应市场变化，迅速调整产品或服务，满足不断变化的客户需求。

2. 快速决策和执行

中小企业的决策过程通常较为简洁，决策路径短，决策速度快。由于决策权集中在较少的管理层或企业所有者手中，决策能够更迅速地得到执行。这使得中小企业能够更灵活地对市场变化作出反应，抓住商机，迅速调整经营策略。

3. 创新机会和创业精神

中小企业由于规模相对较小，管理层级较少，创造了更多的创新机会。创业者在中小企业中更容易实现自己的创业梦想，并能够更自由地追求自己的创新理念。这种创业精神和创新环境使得中小企业成为创新的孵化器和推动者。

4. 灵活调整经营策略

中小企业能够更加敏捷地调整经营策略。由于规模相对较小，中小企业能够更迅速地识别市场机会和变化，灵活地调整产品或服务定位，满足客户需求。相比之下，大型企业的决策和执行过程可能相对较为缓慢，需要更多的时间来调整和适应市场。

5. 探索新兴市场和细分市场

中小企业通常能够更早地进入新兴市场和细分市场。由于灵活性和创新性，它们能够更快地识别新兴市场的机会并快速占领市场份额。中小企业可以通过针对特定细分市场的产品或服务定位，满足特定需求，并建立起自己的竞争优势。

## 二、就业机会创造

中小企业作为就业的重要来源，通过创造大量的就业机会，减轻就业压力，促进社会稳定。其灵活性、创新性和多样性为就业者提供了更多选择的机会，并为有创业激情的人们提供了实现创业梦想的平台。

中小企业在经济发展中扮演着重要的角色，特别是在就业机会创造方面。

1. 岗位数量

中小企业在整个经济体系中提供了大量的就业岗位。尽管每个中小企业的规模相对较小，但是由于其数量众多，总体上对就业的贡献非常显著。相比之下，大型企业通常拥有更多的自动化和机械化生产过程，需要的员工数量相对较少。

2. 就业速度

中小企业创造就业的速度相对较快。由于它们规模较小，管理层级较少，决策反应更灵活，因此能够更迅速地适应市场需求的变化。在市场需求增长或行业发展较为活跃的时期，中小企业能够更迅速地扩大规模、增加就业岗位，为失业人员提供就业机会，减轻就业压力。

3. 就业多样性

中小企业在提供就业机会时，通常涉及不同行业和领域。它们覆盖的行业范围广泛，从制造业、零售业到服务业等各个领域都有中小企业的身影。这种多样性为就业者提供了更多选择的机会，也有助于降低经济对某一特定行业的依赖程度，提高就业的韧性。

4. 创业机会

中小企业为有创业激情和创新理念的个人提供了实现自己创业梦想的机会。相比于大型企业，中小企业的创业门槛较低，创业者更容易进入市场并开展业务。这种创业机会的存在，促进了创业精神的培养和创新力的释放，为经济的持续发展注入了新的活力。

5. 维护社会稳定

中小企业的就业机会创造对于维护社会稳定具有重要意义。通过提供就业机会，中小企业有助于减轻就业压力，降低社会不平等现象，促进社会和谐与稳定。稳定的就业环境可以提高人们的生活质量和幸福感，为社会的繁荣做出贡献。

## 三、推动区域经济发展

中小企业在区域经济中起到了推动作用。它们作为地方经济的重要组成部分，通过促进经济增长、增加税收收入、优化产业结构等推动了地方经济的健康发展。地方政府和相关机构应该积极支持中小企业的发展，提供必要的政策和资源支持，为中小企业创造良好的发展环境，进一步推动区域经济的繁荣。

1. 促进经济增长

中小企业的发展对地方经济增长起到了推动作用。中小企业通常能够迅速响应市场需求，灵活调整经营策略，推动地方经济的活跃度和增长速度。它们通过提供就业机会、刺激消费和增加产出，对地方经济的总体增长做出了重要贡献。

2. 增加税收收入

中小企业的发展也带来了税收收入的增加。随着中小企业的规模扩大和经营活动的增加，其纳税额度也相应增加。这些税收收入对于地方政府来说是重要的财政来源，可以用于公共设施建设、社会福利改善等方面，进一步促进地区经济的发展。

### 3. 优化产业结构

中小企业的发展能够促进地方产业结构的优化和升级。中小企业通常在各个细分市场中有自己的特色和竞争优势，推动了产业结构的多样化和分工的深入。通过中小企业的发展，地方经济可以更好地适应市场需求，实现产业链的完善和优化。

## 四、创业和创新的引擎

中小企业作为创业和创新的引擎，在促进经济发展和推动社会进步方面发挥着重要的作用。

### 1. 创业机会提供者

中小企业为有创业精神和创新理念的个人提供了实现创业梦想的机会。相对于大型企业，中小企业的创业门槛较低，创业者可以更容易地进入市场，快速验证和实现自己的创业想法。中小企业为创业者提供了一个相对安全的创业环境，鼓励他们大胆尝试、勇于创新。

### 2. 灵活性与创新性

中小企业通常以灵活性和创新性为特点。由于规模较小，中小企业能够更快地作出决策和调整，更容易适应市场变化和客户需求的变化。此外，中小企业在资源限制的情况下，更注重创新，通过开发新产品、改进业务模式或引入新技术来寻找独特的竞争优势。中小企业的创新性推动了行业的进步和发展，为市场注入新的活力。

### 3. 试错和快速迭代

中小企业具有更强的试错和快速迭代的能力。由于规模相对较小，中小企业可以更快地测试和验证自己的创新想法，及时获得反馈，并在短时间内进行调整和改进。这种试错和快速迭代的能力使中小企业能够更好地适应市场需求和变化，不断优化产品和服务，提高竞争力。

4. 培养创新人才

中小企业为培养和吸引创新人才提供了机会。由于规模较小，中小企业通常更加注重员工的多岗位培训和全面发展，创造了更加灵活的工作环境，鼓励员工发挥创造力和创新思维。中小企业的创新文化和创新氛围吸引了具有创新意识和能力的人才，进一步推动了创新的发生和实施。

5. 引领新兴领域和技术创新

中小企业在一些新兴领域和技术创新中具有重要地位。由于中小企业更加敏捷和灵活，它们更容易在新兴领域中寻找到商机，并率先应用新技术和创新模式。中小企业在互联网、人工智能、生物科技等领域的创新活动中发挥重要作用，推动了相关产业的发展和壮大。

## 五、促进区域经济多元化

区域经济的多元化是指在一个地区内涉及多个不同行业和领域的经济活动，并且这些经济活动相互之间存在一定的平衡和互动关系。中小企业的存在和发展促进了区域经济的多元化。通过涉足不同行业和领域、分散就业机会、推动技术创新和知识转移、促进创业生态系统的形成，中小企业降低了地方经济对某一特定行业或企业的依赖程度，增加了经济的韧性和抗风险能力。区域经济的多元化使得地区能够更好地应对外部冲击和市场变化，实现经济的可持续发展。

1. 行业多样性

中小企业通常涉及不同的行业和领域，从制造业到服务业、从农业到科技创新等，涵盖了经济的多个领域。中小企业的存在使得地区内的经济结构更加多元化，不再过度依赖某一特定行业或企业。这样，当某个行业或企业面临困难时，其他行业和企业仍能够提供经济支撑，减少整个地区经济的风险。

2. 就业机会的分散

中小企业的发展带来了更多的就业机会，使得人才在不同行业和领域间有更多选择的余地。这样一来，人们可以更加灵活地选择就业岗位，而不仅仅局限于某一特定行业或大型企业。中小企业的就业机会分散，有助于减轻特定行业或企业面临的用工压力，促进人力资源的优化配置。

3. 技术创新和知识转移

中小企业通常具有较强的创新能力和敏捷性，能够更快地响应市场需求并进行技术创新。它们在不同行业和领域之间进行知识转移和技术交流，促进了经验和技术的跨界融合。这种跨界融合不仅可以促进各行各业的发展，还可以为区域经济提供更多的创新动力。

4. 促进创业生态系统的形成

中小企业的发展为创业生态系统的形成提供了基础。创业生态系统包括创业者、创业支持机构、风险投资者等各种相关主体和资源的有机结合。中小企业的多样性和创新性吸引了更多的创业者和投资者参与，进一步促进了创业氛围的形成和创业资源的丰富。

总之，中小企业在经济中具有独特的特点和重要的作用。它们不仅能够促进经济增长和创造就业机会，还能够推动创新、推动区域经济的多元化发展。了解中小企业的特点和作用，对于有效支持和促进中小企业的发展具有重要意义。

# 第三节　我国中小企业在经济社会的地位与价值

中小企业在中国经济社会中扮演着多方面的重要角色，它们以其灵活性、创新性，为经济增长注入活力，减轻了失业压力，促进了社会和谐稳定。同时，中小企业的国际竞争力推动了中国在全球市场中的崭露头角，为国家的国际声誉和外汇储备贡献力量。此外，它们积极参与社会创新与文化传承，为维护本土文化遗产和促进文化多样性做出了卓越贡献。

## 一、对经济发展的贡献

中小企业在中国的经济发展中扮演着至关重要的角色。它们的灵活性、创新性和敏捷性为中国经济增长提供了有力支持。与大型企业相比，中小企业更加灵活，能够更快地适应市场需求的变化。这种灵活性使得它们能够在短时间内调整产品线，采纳新技术，并快速进入新兴市场。中小企业的创新性也是经济增长的推动因素之一，它们通常是新技术、新产品和新服务的孵化器，推动了产业升级和转型。此外，中小企业的敏捷性使得它们能够更快地捕捉市场机会，填补市场上的需求空白，从而促进经济的稳定增长。

中小企业在地方经济发展方面发挥着显著的作用。这些企业分布广泛，其经济活动不仅创造了大量就业机会，还为当地的供应链和商业生态系统注入了活力。中小企业的兴盛促进了区域均衡发展，尤其是在边远地区，它们成为推动这些地区分享国家经济增长红利的关键力量。这种地方经济发展的贡献可以通过促进当地产业的多样化和提高居民的就业率来体现，从而实现了地区内的经济繁荣。此外，中小企业的发展还有助于降低地区间的经济差距，推动了全国范围内的整体经济平衡。

## 二、提供就业机会与促进社会稳定

中小企业在中国的经济体系中扮演着重要的角色，尤其在就业市场方面具有显著影响。中小企业能够提供大量的工作岗位，从而对中国的就业市场产生积极的影响，不仅仅有助于改善城市和农村劳动力的就业状况，还有助于减少失业率，提高全国范围内的就业率。

中小企业在农村地区的广泛分布为吸纳农村劳动力提供了重要机会。大量农村居民在附近的中小企业找到了就业机会，不仅改善了他们的生活水平，还减少了农村劳动力的外出流动。中小企业在农村地区的分布为农村社会的稳定和发展提供了有力支持，同时也在学术研究中引发了关于农村就业、社会稳定和可持续发展的深入探讨。

中小企业提供了各种类型和不同技能需求的工作机会，包括生产、销售、管理、技术支持等各个领域。这有助于各类人才找到适合自己的工作，提高了人力资源的有效利用，进一步促进了社会的多元发展。中小企业的就业机会多样性，为不同教育背景、技能和经验水平的人们提供了就业和职业发展的机会。这种多样性不仅有利于减少社会的就业压力，还有助于提高劳动力的生产力和创造力，进一步推动了经济社会的多元发展和繁荣。

中小企业在履行社会责任方面对员工的积极影响是显著的。通过提供相对稳定的收入来源，中小企业有助于员工满足基本的生活需求，从而提高他们的生活质量。一方面，体现在员工个体层面，因为稳定的薪资意味着更好的生活品质，包括饮食、住房、教育和医疗保健等方面。另一方面，社会整体受益于中小企业的这一做法，因为减少了社会上的贫富差距，有助于促进社会的平等与公平。这种平等与公平是社会可持续发展的重要组成部分，有助于提升社会的和谐程度，降低社会不满情绪，从而为可持续的社会进步奠定坚实的基础。

## 三、提升国际竞争力

提升国际竞争力是中国中小企业在全球经济中扮演重要角色的关键方面。

中小企业通过持续的技术创新不仅提高了产品和服务的质量和效率，还积极探索和应用新的生产工艺、材料和管理方法，为国内外市场提供了有竞争力的产品和解决方案。这种创新精神在学术界被广泛认为是中国中小企业在国际市场上取得成功的一个关键因素。以先进制造领域为例，一些国内中小企业在领先的技术领域，如电子、航空航天和生物医药等领域，通过不断地引入新技术、研发新产品和提高生产效率，已经实现了卓越的发展。这些企业的成功不仅树立了中国制造的良好声誉，还为国际客户提供了高质量、创新性的产品，增强了中国中小企业在国际市场上的竞争力。

中小企业通过积极拓展国际市场，将产品和服务出口到全球范围内，充当了中国国际贸易的重要参与者。首先，中小企业的国际化经营实践有助于实现业务的多元化和风险分散，降低了企业在单一市场面临的风险。其次，通过国际贸易，这些企业为中国创造了外汇收入，有助于增加国家的外汇储备，提高国际支付平衡。此外，中小企业的国际化还有助于促进国内产业的国际竞争力，通过提供具有竞争力的产品和服务，有助于提高中国在国际市场上的地位。

中小企业的国际化经营在提升中国制造业的国际声誉方面发挥着关键作用。以往，中国的制造业往往被视为廉价劳动力的代表，但随着中小企业的崭露头角，国际社会逐渐开始认识到中国制造业在技术、创新和质量方面所蕴含的巨大潜力。中国中小企业通过技术创新和高质量产品的提供，正在逐渐确立中国在全球市场上的竞争地位。这一转变不仅提高了中国产品和服务的国际竞争力，还为中国制造业树立了更具创新和价值的形象，为国际市场的可持续发展和合作奠定了坚实的基础。

## 四、促进社会创新与文化传承

中小企业在社会创新与文化传承领域发挥着独特而重要的作用。

中小企业在保护和传承本土文化方面扮演着文化守护者的重要角色。中小企业通常根植于本土社区，对本土文化有着深刻的了解和珍视。它们积极参与传统文化的保护工作，既是历史的活化石，也是文化传承的积极推动者。通过生产和销售与传统文化紧密相关的产品，将传统文化引入现代生活，为其传承和发展提供了可持续的平台。不仅有助于保护珍贵的本土文化遗产，还为社会提供了丰富的文化体验，促进了文化的多样性和丰富性。

中小企业在保护手工艺和传统产业方面扮演着重要角色。传统手工艺和产业往往因市场竞争和现代化的挑战而受到威胁，然而，这些领域承载着深厚的历史和文化价值。中小企业积极支持手工艺人和传统产业，不仅有助于它们的生存和发展，还推动了这些领域的创新和升级。这一过程不仅保护了传统手工艺的传承，还促使其与现代工艺相融合，从而提供了高品质的文化产品，满足了现代消费者对传统文化的需求。

中小企业在社会责任方面的积极参与不仅局限于慈善和环境保护，还涵盖了国家文化遗产的维护和传承。国家文化遗产代表着一个国家丰富的历史和文化积淀，是宝贵的资产。中小企业通过举办文化活动、展示传统工艺技艺、参与文化庆典等方式，积极投身于国家文化遗产的传承和弘扬之中。不仅有助于推广和传承国家文化遗产，使更多人了解和欣赏这些独特的文化财富，同时也发挥了重要的保护作用，确保这些珍贵的文化资源能够得以传承和延续，从而为国家文化的持续繁荣和发展贡献一份重要力量。

# 第四章　中小企业财务管理问题及成因

在我们探讨中小企业的财务管理改革创新之前，必须首先理解并认识到当前中小企业财务管理存在的问题和挑战。本章主要集中探讨中小企业在财务管理方面遇到的问题，对这些问题产生的原因进行深入分析，以及这些问题对中小企业运营与发展产生的影响。理解这些问题的内在联系与作用机制，对于我们寻找和实施有效的解决策略具有至关重要的意义。

在第一节中，我们将列举并讨论中小企业在财务管理过程中面临的一些主要问题，包括但不限于资金短缺、成本控制困难、财务风险管理不足等。我们将从实证角度，通过案例分析，深入剖析这些问题的表现和后果。

第二节将致力于深入探索这些问题产生的根源。我们将从企业内部管理、市场环境、政策因素等多个角度进行探讨，揭示中小企业财务管理问题的多元化成因。这一深入分析将帮助我们更全面地理解问题的本质，并为下一步的解决方案提供指向性参考。

本章的目的在于明确问题，探究根源，并理解其对中小企业造成的影响。这些分析为我们接下来的策略设计和实施提供必要的理论和实证基础。我们期待通过深入研究，找到解决这些问题的关键所在，以推动中小企业财务管理的改革与创新。

# 第一节 中小企业财务管理存在问题

中小企业在财务管理方面常常面临一些问题和挑战。以下是一些中小企业财务管理存在的常见问题。

## 一、资金短缺和融资难题

资金短缺和融资难题是中小企业在财务管理方面的一大问题。

### (一) 资金需求高于可获得资金

中小企业常常面临着资金需求高于可获得资金的困境,主要表现在三个方面:中小企业的规模相对较小,其信用记录可能不够完善,或者它们无法提供足够的抵押品作为贷款的担保。传统的金融机构对于这类企业的贷款申请往往持保留态度,导致企业无法获得所需的资金来扩大业务、购买设备、进行研发新产品等。

第一,中小企业的规模通常较小,相比大型企业,它们的资金需求相对更高。这是因为中小企业可能需要资金来扩大生产能力、开拓新市场、增加产品线或进一步提高竞争力。然而,由于规模有限,它们往往无法依靠自有资金满足这些需求,因此需要通过外部融资来弥补资金缺口。

第二,中小企业的信用记录可能没有大型企业那样完善。信用记录是金融机构评估贷款申请的重要依据之一。如果一个企业的信用记录不良,或者没有足够的信用历史可供参考,传统金融机构可能会对其贷款申请持保留态度。这使得中小企业难以获得所需的资金支持,限制了它们的发展潜力。

第三，中小企业往往无法提供足够的抵押品用于贷款的担保。传统金融机构在考虑是否批准贷款时，通常要求借款方提供一定价值的抵押品，以作为贷款的担保。然而，许多中小企业可能无法提供具有足够价值的抵押品，或者它们可能没有固定资产可以用作担保，这使得它们在融资过程中面临困难。

中小企业面临资金需求高于可获得资金的问题，这主要是由于其规模较小、信用记录不完善或无法提供足够的抵押品。这使得中小企业在融资方面面临挑战，限制了它们的发展和成长。

## （二）高风险与不确定性

中小企业相较于大型企业存在更高的经营风险和不确定性。这主要是由于它们规模较小、资源有限以及市场竞争压力较大所导致的。与大型企业相比，中小企业更容易受到市场波动和经济周期的影响，因此在面临风险时需要更加谨慎。

传统金融机构对中小企业的贷款审批过程通常更为严格，它们对中小企业的经营风险会进行更加细致的评估。由于中小企业的不确定性较大，传统金融机构更倾向于要求较高的利率和抵押品作为风险缓释的手段。这意味着中小企业在申请贷款时可能需要承担更高的成本和风险，这对它们的经营和发展带来了一定的困难。

中小企业往往在创业初期或发展阶段面临更多的不确定因素。在创业初期，中小企业需要面对市场需求的不确定性、产品市场化的挑战以及组织建设的困难等问题。在发展阶段，中小企业可能面临市场竞争的不确定性、技术变革的挑战以及市场扩张的压力等。这些不确定因素使得中小企业的经营环境更加复杂和不稳定，从而增加了它们融资的困难。

## （三）缺乏资本市场渠道

中小企业面临的一个主要问题是缺乏资本市场渠道，这使得它们在资本融资方面与大型企业相比面临更大的挑战。一方面，中小企业通常规模较小且知名度有限，因此难以吸引投资者的兴趣。大型企业往往具有更高的市场认可度和知名度，因此更容易获得投资者的关注和资金支持。另一方面，中小企业在尝试利用资本市场进行融资时，面临着法律法规的要求和高昂的融资成本。上市和债券发行等资本市场融资手段需要符合一系列法律法规的要求，包括财务报告的透明度、信息披露的及时性和准确性等。对中小企业而言，满足这些要求可能需要投入大量的时间、人力和金钱资源，这对于它们来说往往不太实际可行。

中小企业可能也面临着其他挑战，例如在资本市场上与大型企业竞争的不利地位、对投资者信任度的缺乏以及与金融机构的关系不够紧密等。所有这些因素都导致中小企业很难通过资本市场获得所需的资金支持，限制了它们的发展和扩张能力。

中小企业由于规模和知名度的限制，以及资本市场融资手段的法律法规要求和高昂的融资成本，面临着缺乏资本市场渠道的困境。这使得它们难以吸引投资者的兴趣并获得必要的资金支持，限制了它们的发展和成长。

### （四）缺乏担保和信用记录

在商业运营中，中小企业面临着一系列挑战，其中之一是缺乏担保和信用记录，这一问题导致这些企业很难获得传统金融机构提供的贷款。与大型企业相比，中小企业通常没有足够的抵押品或可靠的信用背书来减少银行的风险，因此它们在融资方面面临更大的困难。

银行作为传统金融机构，在提供贷款时通常要求借款人提供担保物或具有良好信用记录的背书，以确保贷款的安全性和可追索性。然而，中小企业往往无法满足这些要求，这是由多种原因造成的。

其一，中小企业的规模和资源相对有限。它们可能没有大型企业那样庞大的资产或抵押品，因此无法提供足够的担保。这使得银行在考虑贷款申请时更加谨慎，因为缺乏担保会增加贷款违约的风险。

其二，由于中小企业通常是新兴或刚刚起步的企业，它们可能还没有建立起完善的信用记录。信用记录是评估企业信用状况的重要指标，对于银行来说是决定是否提供贷款的关键因素之一。然而，中小企业可能因为短期经营历史或有限的财务交易记录而无法提供充分的信用背书，这对它们获得贷款造成了困难。

缺乏担保和信用记录给中小企业带来了融资的难题。它们可能无法获得传统的商业贷款，限制了它们扩大业务、采购新设备、招聘人员或进行市场推广的能力。这种限制对中小企业的发展和竞争力产生了负面影响，阻碍了它们在市场中的增长和创新能力。

### （五）不了解融资渠道和机会

中小企业在融资渠道和机会方面可能存在不了解的问题。对于这些企业来说，它们可能缺乏关于如何获取资金的渠道和机会的知识。传统的融资方式，如银行贷款，对于中小企业来说可能并不容易获得，而且往往需要提供抵押品或者担保。因此，了解非传统的融资方式就显得尤为重要。

其中一种非传统的融资方式是天使投资，即个人或投资者向早期创业公司提供资金，以换取股权。这种方式对于那些有潜力但缺乏资金支持的企业来说是一种良好的选择。

风险投资是一种方式，它是指投资者向高风险高回报的项目提供资金，以期获得未来的收益。这些投资者通常会寻找具有创新性和成长潜力的企业来投资。

众筹也是一种越来越受欢迎的融资方式。通过众筹平台，企业可以向广大公众募集资金，而不仅仅是依靠传统的金融机构。这种方式可以帮助企业建立粉丝群体，并在市场上引起更多关注。

政府扶持计划也是一种融资机会，许多地方政府都提供了各种形式的财政支持和激励措施，以鼓励中小企业的发展。这些举措包括低利息贷款、补贴、税收减免等。然而，如果企业不了解这些措施的存在以及申请方式，它们可能会错过这些机会。

面对这些挑战，中小企业可以采取一系列策略来解决资金短缺和融资难题。例如，积极寻找多样化的融资渠道，如与合作伙伴建立战略合作关系、寻求政府扶持、探索风险投资和创业投资等。此外，中小企业可以加强内部财务管理，提高企业的财务透明度和信用记录，以增强吸引传统金融机构融资的能力。同样重要的是，中小企业可以积极寻求专业的财务顾问或咨询机构的帮助，以获得关于融资策略和机会的专业建议。

## 二、不完善的财务记录和报告

不完善的财务记录和报告对中小企业的财务管理造成了诸多问题和挑战。

### （一）存在的问题

#### 1. 不完整的财务记录

中小企业可能在财务方面存在记录不完整的问题。这主要是因为它们可能没有建立起完善的财务制度和流程，导致财务记录的缺失或不完整。这种情况下，企业可能会面临一系列的挑战和困扰。

由于没有及时记录和核对财务交易，企业很可能无法准确追踪和记录每一笔资金的流动。这就会导致难以获得全面的财务信息，从而无法准确评估企业的财务状况和经营情况。没有准确的财务数据作为依据，企业管理者难以作出正确的决策，因为他们无法了解企业的真实财务状况。

如果没有进行适当的账务分类和记账操作，企业可能会遭遇混乱和困惑。正确的账务分类和记账操作是确保财务数据准确性和可追溯性的关键。如果这一过程被忽略或不正确执行，企业的财务信息就会变得混乱不堪，使得对企业的财务状况进行整体分析和比较变得困难。此外，错误的账务分类和记账操作还可能导致税务和法律方面的问题，给企业带来潜在的风险和损失。

因此，不完整的财务记录对中小企业的经营和发展产生了负面影响。它们无法提供准确和全面的财务信息，使企业管理者在决策过程中面临较大的不确定性。此外，缺乏正确的账务分类和记账操作可能导致财务数据的混乱和不可信，给企业带来潜在的法律和税务问题。所以，中小企业应当重视建立健全的财务制度和流程，以确保财务记录的完整性和准确性。

2. 不准确的财务记录

中小企业在财务记录方面存在不准确性的问题主要源于缺乏有效的财务制度、流程和内部控制。在这种情况下，可能会发生一系列财务记录的错误和失误，对企业的财务状况造成误判，并可能导致错误的决策和操作。

其一，由于缺乏有效的财务制度，导致企业没有明确的规范和标准来记录和处理财务信息。财务记录的准确性依赖于一套规范和程序，确保交易和金额的正确记录和分类。如果这些规范和程序缺乏或不完善，就容易出现错误的金额记录、漏记或错记的交易。例如，财务人员可能会将金额输入错误或者将交易归类到错误的账户中，从而导致财务记录不准确。

其二，缺乏适当的流程来进行财务调整和校正。财务记录需要及时进行调整，以反映真实的财务状况。然而，如果企业没有明确的流程来发现和纠正错误，就会导致未能及时进行调整。例如，企业可能无法发现和纠正遗漏的交易或者错误的账务处理，从而导致财务记录不准确。

其三，缺乏有效的内部控制也是导致财务记录不准确的因素之一。内部控制是企业保证财务信息可靠性和准确性的重要手段，包括财务流程的审查和监督。如果中小企业缺乏健全的内部控制机制，就难以确保财务记录的准确性。例如，企业可能没有适当的审查程序来核实财务记录的准确性，或者没有制定明确的授权程序来管理财务记录的访问和修改权限。

## （二）面临的挑战

### 1. 难以了解真实财务状况

财务记录的不完整性和不准确性是企业面临的一个重要问题，它给管理者带来了难以了解企业真实财务状况的挑战。在这种情况下，管理者无法获得准确和全面的财务信息，从而无法全面评估企业的健康状况、资产负债状况和盈利能力。

不完整的财务记录意味着某些重要的财务交易或活动可能没有被记录或被记录不完整。这可能是由于人为错误、系统故障或其他操作失误所致。由于缺乏完整的记录，管理者无法获得所有必要的财务信息，因此难以形成全面的财务图景。

财务记录不准确可能会导致对企业财务状况的错误理解。管理者在基于不准确的财务信息作出决策时，可能会产生错误的判断和预测，从而影响企业的战略规划和发展方向。

由于难以了解真实的财务状况，管理者对企业的财务风险和机会的认知可能不足。财务风险包括企业的债务加大、现金流问题和盈利能力下降等，而财务机会则指的是潜在的盈利增长和投资机会。缺乏准确的财务信息，管理者可能无法及时识别和应对潜在的财务风险，也无法充分利用财务机会，从而错失重要的商机。

在这种情况下，管理者可能无法做出正确的战略决策和规划。他们缺乏基于准确财务信息的依据，无法全面评估企业的财务状况和潜在影响因素。这可能导致决策的盲目性和不确定性增加，从而增加企业面临的风险。

2. 影响决策的有效性

影响决策有效性的一个重要因素是财务记录不完整和不准确。当企业的财务记录不完整或者存在错误时，管理者在作出决策时就会面临很多困难和挑战。

缺乏准确的财务信息会给管理者带来预测的困难。财务信息通常用于分析和预测未来的趋势和模式。然而，如果财务记录不完善或者不准确，管理者就无法准确地预测未来的业务发展和市场走向。这将导致决策的不确定性和风险的增加。

缺乏准确的财务信息也会影响管理者进行有效的分析和比较。在作出决策之前，管理者通常需要对不同的选项进行比较和评估。然而，如果财务记录不准确，管理者就无法获得可靠的数据来进行分析和比较。这将导致决策的基础不牢固，可能会偏离企业的战略目标。

缺乏准确的财务信息还会对资源分配和风险评估产生影响。管理者需要根据财务信息来作出关于资源分配的决策，例如投资项目的优先级和资金分配。然而，如果财务记录不完善或者不准确，管理者就无法正确地评估不同项目的风险和回报，从而可能导致资源的错误配置和投资决策的失败。

缺乏准确的财务信息还会影响管理者及时应对市场变化和竞争挑战。当市场环境发生变化时，管理者需要快速作出调整和决策以保持竞争优势。然而，如果财务记录不完善或者不准确，管理者就无法及时获得关键的财务信息来支持决策，从而可能导致错失机会或者无法有效地应对竞争挑战。

3. 难以满足外部需求

中小企业面临的一个困境是难以满足外部利益相关者的需求，尤其是在财务记录和报告方面存在不完善的情况下。这些外部利益相关者包括投资者、债权人和监管机构等。他们对于企业的财务信息需要准确和及时的披露，以便评估企业的信用和风险，并作出相应的决策。

如果中小企业的财务记录和报告存在缺陷，就很难满足外部利益相关者的这些需求。这可能导致外部利益相关者对企业的信任度下降，从而影响企业与他们之间的关系。没有准确和及时的财务信息，投资者无法全面了解企业的财务状况和业绩表现，债权人无法评估企业的偿债能力，监管机构无法有效监督和管理企业的财务活动。

由于这些问题，中小企业可能错过与外部利益相关者建立良好关系的机会。外部利益相关者往往依赖准确和及时的财务信息来作出决策，包括是否投资、是否提供贷款或是否进行监管。如果中小企业无法提供满足这些需求的财务记录和报告，可能会失去一些商业机会，甚至可能面临法律和监管方面的问题。

因此，中小企业需要重视建立健全的财务制度和流程，确保财务记录的完整性和准确性。这涉及建立适当的财务制度和程序、培训和提升财务人员的能力、采用现代化的财务管理工具和系统等。通过改善财务记录和报告的质量，中小企业可以更好地了解自身的财务状况，作出更明智的决策，并满足外部利益相关者的需求。

### 三、缺乏专业财务管理人员

缺乏专业财务管理人员是中小企业在财务管理方面常见的问题之一，会导致企业面临诸多问题与挑战。

#### （一）错误的决策和操作

中小企业在没有专业财务管理人员的情况下，面临着错误的财务决策和操作的风险。由于缺乏专业知识和经验，企业管理者可能无法准确地分析和解释财务数据，从而使得他们难以正确评估企业的财务状况和绩效。这种情况下，他们可能会作出错误的投资决策，选择不适当的投资项目或者在错误的时间进行投资，从而导致资源的浪费和损失。

由于缺乏专业财务管理人员的指导，中小企业可能会采取不合理的财务安排。一方面，它们可能会过度依赖借贷，导致企业陷入债务困境，无法按时偿还贷款。另一方面，它们可能会将企业资金分配不当，导致资金的浪费和利用效率的降低。这样的财务安排可能对企业的长期发展产生负面影响。

缺乏专业财务管理人员也可能导致企业无法及时发现和纠正潜在的财务问题。管理者可能无法有效地监控企业的财务状况和经营绩效，从而无法及时发现潜在的财务风险和问题。这可能导致问题的累积和加剧，最终可能对企业的可持续发展产生严重影响。

#### （二）财务风险的增加

中小企业由于缺乏专业的财务管理人员，存在着财务风险增加的问题。这意味着企业可能无法有效地识别和评估潜在的财务风险，也无法制定相应的风险管理策略和控制措施。在没有专业人员提供指导和监督的情况下，企业可能会在财务管理方面存在漏洞和薄弱环节。

一方面，缺乏专业财务管理人员可能导致企业无法及时发现潜在的财务风险。这些风险可能包括不合规的财务操作、未能履行财务义务、资金流动性问题以及其他与财务管理相关的潜在威胁。由于缺乏专业知识和经验，企业可能无法准确地识别和评估这些风险的严重程度和潜在影响，从而无法采取适当的预防和控制措施。

另一方面，没有专业的财务管理人员可能使企业无法及时应对已经发生的财务风险。一旦出现财务问题，企业可能无法快速作出正确的决策和采取必要的行动来应对局势。缺乏专业知识和技能的管理人员可能会延误解决问题的时间，并可能采取不恰当或不够有效的应对措施，进一步加剧财务风险并导致损失。

这种财务风险的增加可能给企业带来严重的后果，如资金流失、经济困境甚至破产。没有专业财务管理人员的企业可能无法正确评估自身的财务状况，无法合理规划和管理资金，从而可能陷入资金周转困难、债务累积等问题。这些财务风险的积累可能会对企业的经营和发展产生持续的不利影响，甚至可能威胁到企业的生存和发展。

因此，中小企业缺乏专业财务管理人员可能会导致财务风险的增加。这种风险的存在可能使企业无法及时发现和应对财务问题，进而可能导致损失和经济困境。为了有效管理和降低财务风险，中小企业需要重视财务管理并考虑引入专业的财务管理人员来提供专业指导和支持。

## （三）缺乏财务规划和战略

缺乏财务规划和战略是一个普遍存在于中小企业中的问题。在没有专业财务管理人员的情况下，企业常常面临着一系列财务困难和挑战。

财务规划是指制定和实施与企业财务相关的目标、计划和策略。专业的财务管理人员具备丰富的知识和经验，可以帮助企业识别和设定合理的财务目标，如增加利润、提高现金流、降低成本等。他们能够分析企业的财务状况，并根据市场环境和竞争对手的情况制订适当的财务计划。然而，如果企业缺乏这样的专业人员，就可能无法有效地规划财务目标，导致财务决策缺乏准确性和长远性。

　　财务战略是指企业在实现财务目标的过程中所采取的行动和策略。专业的财务管理人员能够根据企业的财务目标和市场状况，提供相应的战略建议和方案。他们可以评估企业的资金需求，制定资金筹集和利用的策略，并提供风险管理和投资决策的支持。然而，如果企业没有专业的财务管理人员，就难以制定明确的财务战略，导致企业的财务活动缺乏整体性和长远性。

　　缺乏财务规划和战略可能会给企业带来一系列问题。首先，企业的财务目标可能不明确，无法有效地引导企业的财务决策和行动。没有明确的财务目标，企业可能会在资源配置和投资决策上迷失方向，无法实现长期的财务增长和可持续发展。其次，缺乏财务规划和战略可能导致企业面临财务风险和不稳定性。没有合理的财务规划，企业可能无法应对外部环境的变化，无法有效管理资金流动和风险，从而可能陷入财务困境。最后，缺乏财务规划和战略还可能导致企业错失发展机会。财务规划和战略有助于企业识别和利用市场机会，制定适当的资金运作和投资计划。在没有专业人员的情况下，企业可能无法准确评估市场前景和竞争态势，错失发展机会，无法实现企业的潜力。

　　缺乏财务规划和战略对中小企业的影响是显著的。在没有专业财务管理人员的情况下，企业可能面临财务目标不明确、缺乏长远发展方向和策略等问题。这可能导致财务决策的不准确性和短视性，以及面临财务风险和错失发展机会的风险。因此，中小企业应重视财务规划和战略，尽可能引入专业的财务管理人员来提供支持和指导。

## （四）不合规的财务管理

　　不合规的财务管理是指企业在财务管理方面存在不符合法律法规和会计准则要求的情况，这通常发生在企业缺乏专业财务管理人员的情况下。

　　专业的财务管理人员是经过培训和专业知识考核的人员，他们熟悉财务管理领域的法规和会计准则，具备对企业财务报告和财务操作进行准确、合规性评估的能力。然而，如果企业没有足够的专业人员来负责财务管理，就会面临不合规的风险。

缺乏专业人员可能导致企业无法正确理解和遵守财务规定。财务规定通常是由政府机构或会计准则委员会制定的，旨在确保企业在财务方面的透明度和合规性。这些规定包括报告要求、会计准则和财务交易的规范等。如果企业没有专业人员来解读和执行这些规定，就容易发生误解或违反规定的情况。

企业的财务报告和财务操作不合规可能带来一系列问题。首先，企业可能面临违规的法律后果。政府机构和监管机构对企业的财务活动进行监督，一旦发现违规行为，可能会采取法律手段进行处理，例如罚款或诉讼。其次，不合规的财务管理可能损害企业的声誉和信誉。如果企业在财务方面存在问题，投资者、合作伙伴和其他利益相关者可能会对企业的可靠性和诚信产生怀疑，从而影响与企业的业务往来和合作关系。

不合规的财务管理对企业来说是一个严重的风险和挑战。为了确保财务管理的合规性，企业应该雇佣专业的财务管理人员，他们具备相关的知识和经验，能够确保企业的财务报告和财务操作符合法律法规和准则要求。此外，企业还应该定期进行财务审核和内部控制评估，以确保财务管理的透明度和合规性。这样可以帮助企业避免不合规的风险，并保持财务健康和良好的声誉。

## （五）无法有效利用财务工具和技术

无法有效利用财务工具和技术可能会对企业的财务管理产生负面影响。专业财务管理人员通过深入了解各种财务工具和技术，能够将它们应用于企业的财务管理和决策过程中。这些工具和技术包括财务分析方法、预算编制、成本控制、风险评估和资本预测等。通过正确使用这些工具和技术，企业可以更好地管理其财务资源、评估业务绩效并制定战略决策。当企业缺乏专业的财务管理人员时，就可能无法充分利用这些财务工具和技术。

无法有效利用财务工具和技术可能导致企业在财务决策和管理方面面临一系列挑战。企业可能无法准确评估自身的财务状况，无法识别潜在的财务风险，也无法制订合理的财务目标和计划。此外，不能有效利用财务工具和技术还可能导致财务数据的不准确或不完整，进而影响决策的准确性和有效性。

无法有效利用财务工具和技术还可能限制企业的财务管理效能和效率。这些工具和技术可以帮助企业实现财务目标、优化资源配置、降低成本、提高财务报告和监控的准确性和效率。然而，如果企业无法充分利用这些工具和技术，就可能无法充分发挥财务管理的潜力，导致效率低下和资源浪费。

综上所述，无法有效利用财务工具和技术可能会限制企业在财务管理和决策方面的效能和效率。为了充分发挥财务管理的作用，企业应该重视财务人员的培训和发展，确保他们具备充足的知识和技能来应用财务工具和技术。此外，企业还应该提供必要的资源和支持，以确保财务工具和技术得以有效地应用于财务管理和决策过程中，从而促进企业的财务健康和可持续发展。

中小企业缺乏专业财务管理人员会面临上述问题，限制了其在财务管理方面的能力和竞争力。为了解决这一问题，中小企业可以考虑寻找外部咨询或委托专业机构提供财务管理服务，以弥补内部资源的不足。此外，也可以通过培训和提升内部员工的财务技能，以提高财务管理水平。

## 四、不合理的成本控制和费用管理

中小企业在成本控制和费用管理方面常常面临一定的挑战，具体表现在以下几个方面。

### （一）缺乏成本意识和监控机制

缺乏成本意识和监控机制是一个在中小企业中常见的问题。这些企业可能没有足够的敏感性和意识来理解成本对企业运营的重要性，也没有建立起有效的成本监控机制。

成本意识是指企业对资源的使用和支出进行审慎和明智的考虑。然而，由于缺乏成本意识，中小企业可能无法全面了解资源的价值和使用方式，导致企业在采购、生产和运营过程中可能存在浪费和不必要的费用支出。例如，它们可能在采购过程中没有与多个供应商进行比较，而是只选择了一个供应商，从而无法获得更好的价格和质量。在生产过程中，它们可能没有采取有效的措施来减少废品和能源消耗。这种资源的浪费会增加企业的成本，降低盈利能力。

除了缺乏成本意识外，中小企业还可能没有建立起有效的成本监控机制。这意味着它们无法准确评估和控制成本的发展和变化。缺乏监控机制使企业难以及时发现和纠正成本异常或超支的情况。这会导致成本的不可控制性，从而使企业无法及时作出调整，影响了企业的盈利能力和竞争力。

缺乏成本意识和监控机制对企业有着直接的影响。首先，它会增加企业的成本，降低盈利能力。没有意识到成本的重要性，企业可能会在资源使用和支出方面存在浪费和不必要的开支。这些额外的成本会减少企业的利润空间，限制企业的发展和成长。

缺乏成本意识和监控机制还会影响企业的竞争力。在竞争激烈的市场环境中，成本控制是企业保持竞争优势的重要因素之一。如果企业无法准确评估和控制成本，它们可能无法提供具有竞争力的产品或服务，并且无法与其他竞争对手进行价格竞争，这将使企业失去市场份额并面临被淘汰的风险。

## （二）生产过程效率低下

生产过程效率低下是中小企业常常面临的一个问题。这个问题可能源自多个方面，其中包括生产设备老化、工艺不合理以及生产流程不顺畅等因素。

生产设备老化。如果企业使用的生产设备过时，可能存在性能不佳、维修频繁等问题，会导致生产效率的下降。老化的设备可能无法满足现代生产需求，无法实现高效率的生产，从而增加生产成本。

工艺不合理。如果企业采用的工艺过于烦琐、复杂，或者工艺流程中存在不必要的环节，都会增加生产的时间和成本。合理的工艺能够提高生产效率，减少资源的浪费，但如果工艺不合理，就会造成生产效率低下的问题。

生产流程不顺畅。如果企业的生产流程存在断层、冗余或者不协调的环节，会导致生产过程中的阻塞和延误。这可能使得生产过程中的物料、信息流动不畅，从而降低生产效率。

为了解决生产过程效率低下的问题，企业需要采取一系列措施。首先，优化生产流程是提高生产效率的重要途径。通过精简流程、消除冗余环节、优化物料和信息流动，可以提高生产过程的效率和流畅性。其次，提升技术水平也是关键。企业可以引进先进的生产设备和技术，提高生产效率和产品质量。通过培训员工，提升他们的技术水平和操作能力，也能够提高整体生产效率。改进工艺也是提高生产效率的一个重要措施。企业可以重新评估和优化工艺流程，简化操作步骤，减少不必要的时间和资源浪费，从而提高生产效率。

### （三）供应链管理不完善

中小企业的供应链管理可能存在着一系列问题，这些问题包括供应商选择不当、采购渠道不稳定以及库存管理不合理等。这些因素使得企业在供应链上面临各种风险，从而无法及时获得所需的材料和资源，进而导致生产成本的上升。

供应商选择不当。企业在选择供应商时，可能没有充分考虑其信誉、质量和价格等方面的因素，导致与供应商之间的合作关系不够稳定。这可能导致供应商无法按时交付所需的物料或提供低质量的产品，进而对企业的生产进程产生不利影响。

采购渠道的不稳定。企业可能没有建立起稳定的采购渠道，或者过于依赖单一的采购渠道，一旦该渠道出现问题，如供应中断或价格上涨，企业将面临采购困难或成本增加的风险。因此，建立多元化的采购渠道以及与供应商建立长期稳定的合作关系是非常重要的。

库存管理不合理。企业可能没有有效地进行库存管理，导致库存过高或过低的情况出现。过高的库存将占用企业的资金，增加库存成本，并可能导致过期或陈旧的产品。而过低的库存则可能导致供应中断，无法满足客户需求。因此，企业需要建立科学的库存管理系统，以实现合理的库存水平，从而降低供应链成本并确保供应的连续性。

## （四）人力资源管理不当

人力资源管理在中小企业中的不当处理可能引发一系列问题。首先，人员配置可能存在不合理的情况，即使是在人员数量方面也可能出现不平衡的现象。这可能导致某些部门人手不足，无法满足工作需求，而其他部门可能过剩，造成资源浪费。这种不合理的人员配置会直接影响到企业的生产效率和质量，因为在关键岗位上的人员缺乏可能导致工作延误或错误。

其次，培训不足也是人力资源管理不当的一个表现。中小企业可能面临有限的培训资源和预算，导致员工无法获得必要的技能和知识来应对工作要求。缺乏足够的培训机会会限制员工的专业能力和职业发展，影响其在工作中的表现和贡献。缺乏培训还会使员工无法适应市场的变化和新技术的应用，从而导致企业的竞争力下降。

最后，绩效评估不科学也是人力资源管理不当的一种体现。如果企业没有建立科学有效的绩效评估体系，很难准确评估员工的工作表现和贡献。这可能导致优秀员工无法得到应有的奖励和晋升机会，而对于表现较差的员工却没有相应的处罚或改进机制。这样的不公正会降低员工的积极性，影响团队的士气和合作。

## （五）缺乏成本分析和定价策略

缺乏成本分析和定价策略对于中小企业来说是一个重要的问题。这种情况下，企业在制定产品定价方面可能面临一些困难和挑战。

中小企业可能缺乏对产品和服务成本的深入分析。它们没有清晰地了解到生产一个产品或提供一个服务所涉及的全部成本，包括直接成本（如原材料和劳动力成本）和间接成本（如管理和运营费用）。没有准确的成本分析，企业很难确定一个合理的定价范围，以确保产品的销售能够覆盖成本并获得盈利。

由于缺乏成本分析，企业可能无法准确判断市场对其产品的需求和竞争状况。没有清晰的市场了解，企业很难确定适当的定价策略。如果产品定价过低，企业可能无法获得足够的利润，甚至亏本经营。相反，如果产品定价过高，企业可能无法吸引足够的顾客，从而影响市场竞争力。

没有明确的定价策略也可能导致企业在定价上的不一致性。不同的销售渠道和客户群体可能被采用不同的定价策略，这可能会导致价格混乱和内部管理困难。没有一个明确的定价策略也可能使企业容易受到竞争对手的价格战策略影响，从而进一步削弱企业的竞争地位。

综上，中小企业需要重视成本控制和费用管理的重要性，通过建立有效的成本控制机制和费用管理体系，优化生产过程和供应链管理，合理配置人力资源，进行成本分析和定价策略，以降低生产成本、提高盈利能力和竞争力，将为企业创造更好的经济效益，为可持续发展奠定基础。

## 五、缺乏财务规划和预算管理

缺乏财务规划和预算管理对中小企业的经营和财务状况带来了许多挑战。

### （一）资源分配不合理

资源分配不合理是一个常见的问题，特别是在中小企业中。在没有进行财务规划和预算管理的情况下，企业可能会面临许多挑战。首先，缺乏明确的目标和计划可能导致企业无法确定应该如何分配资源，可能导致资源的浪费或者分配不足，无法达到最佳效益。

其次，没有财务规划和预算管理意味着企业没有一个明确的框架来决定在不同领域分配资源的优先级和比例，可能导致资源在一些领域过度投入，而在其他领域投入不足。例如，企业可能过度投资于市场营销活动，但在研发方面却没有足够的资金支持，从而影响到产品创新和竞争力。

再次，资源的不合理分配也可能导致成本结构的不够优化。企业可能在某些领域过度支出，而在其他领域存在缺乏投资，可能导致企业整体成本的增加，从而降低效益和利润。例如，企业可能过度依赖外部供应商，而忽视了内部资源的潜力，从而增加采购成本。

最后，资源分配不合理还可能导致效率低下。如果企业没有明确的计划和目标来分配资源，各个部门之间的协调和沟通可能受到影响，导致资源的重复使用或者资源的闲置，从而浪费企业的资源和时间。

财务规划和预算管理可以解决这些问题。它们提供了一个框架，帮助企业确定资源分配的优先级和比例。通过财务规划和预算管理，企业可以更好地了解自己的财务状况，为不同领域的资源分配制订合理的计划。这样可以最大程度地发挥资源的效益，优化成本结构，提高效率。

## （二）难以控制经营风险

难以控制经营风险是企业面临的一个重要挑战。在缺乏财务规划和预算管理的情况下，企业很难有效地控制经营风险，这意味着企业可能会在日常经营中遇到各种突发事件和不可预见的情况，导致资金紧张和经营困境。

财务规划和预算管理对于企业的稳定经营至关重要。通过财务规划，企业可以建立紧密的资金计划，明确预期收入和支出，确保资金的合理配置和利用，这有助于企业提前预测和规避潜在的风险。通过合理的预算管理，企业可以控制支出，防止过度消费和资源浪费。预算管理还可以帮助企业制定合理的目标和指标，对经营状况进行监控和评估。

没有财务规划和预算管理的企业可能会陷入困境。当突发事件发生时，企业可能无法应对资金需求的增加，导致资金紧张和资金链断裂。此外，缺乏预算管理可能导致企业支出超出预期，造成资源的浪费和效益的下降。在竞争激烈的市场环境下，这将使企业难以保持竞争优势和持续发展。

财务规划和预算管理的好处不仅限于风险控制，还可以帮助企业保持资金的流动性和稳定性。通过建立周密的资金计划，企业可以更好地管理现金流，确保有足够的资金来支付日常开支和应对紧急情况。这有助于企业维持健康的经营状况，避免资金短缺和债务风险的发生。

### （三）错失商机和市场竞争力下降

中小企业若没有有效的财务规划和预算管理，将可能面临错失商机和市场竞争力下降的风险。在没有明确的财务目标和计划的情况下，企业可能无法灵活地应对市场的变化和商机，意味着它们可能会错过投资和扩张的机会，无法及时调整经营策略以迎接竞争。

财务规划和预算管理对于企业来说具有重要意义。首先，它可以帮助企业评估市场需求，并了解客户的需求和行为模式。通过了解市场趋势和潜在机会，企业能够更好地把握商机，制定相应的营销策略和产品定位，从而增加市场份额和销售额。

其次，财务规划和预算管理能够帮助企业制订战略计划。通过合理地分配资源和资金，企业可以更好地规划未来的发展方向和目标。预算管理可以帮助企业预测未来的资金需求，确保有足够的资金来支持业务运营和发展。这种有针对性的规划和管理，使得企业能够更加高效地利用资源，提高经营效益。

最后，财务规划和预算管理还有助于企业提高其竞争力和市场适应能力。通过合理地分析和评估财务数据，企业能够发现业务上的问题和机会，使得企业能够更快地作出决策和调整经营策略，以适应市场的变化和竞争的挑战。另外，财务规划和预算管理还可以帮助企业降低成本、提高效率，并增强其财务状况和信誉度，从而在市场上更具竞争力。

### （四）缺乏财务透明度和投资者信任

缺乏财务透明度和投资者信任是一个企业面临的重要问题。财务规划和预算管理在提高企业财务透明度方面起着关键作用。通过制定详细的财务规划和预算，企业能够更好地了解和控制其财务状况，为投资者提供透明的财务信息。这样的透明度对于投资者来说至关重要，因为他们需要了解企业的财务状况和经营前景，以作出正确的投资决策。

缺乏财务透明度可能导致投资者对企业的信任度下降。当投资者感到缺乏透明度时，他们可能会对企业的财务状况和运营情况产生疑虑。这种不确定性可能会导致投资者对企业的兴趣减少，企业难以获得外部融资和合作机会。投资者通常希望与财务状况良好且透明度高的企业合作，这样可以降低风险并增加投资回报。因此，缺乏财务透明度可能会使企业失去潜在的投资者和合作伙伴。

财务透明度还对企业内部运营产生积极影响。通过建立有效的财务规划和预算管理体系，企业可以更好地掌握自身的财务状况和资源分配情况，使企业能够更好地规划和执行战略目标，并作出有利于企业发展的决策。财务透明度还可以提高内部沟通和协作效率，促进团队成员之间的理解和信任。在一个具有良好财务透明度的企业中，员工更容易理解公司的财务目标，并为实现这些目标做出贡献。

缺乏财务透明度可能由于多种原因引起，如财务管理不善、财务数据记录和报告不准确或不及时。企业内部的信息共享和沟通也可能不够透明，导致投资者无法获得充分的财务信息。此外，缺乏财务透明度也可能是由于企业的商业模式或运营方式不够透明，缺乏对外公开的财务信息披露。

在企业经营中，财务规划和预算管理起着重要的作用，它们提供了评估业务绩效和经营效果的关键工具。通过财务规划和预算管理，企业能够建立一个目标和指标体系，以定量的方式分析和评估业务表现。这种定量分析和评估能够帮助企业决策者了解业务的运行情况，并提供及时的反馈和调整机会。

如果企业没有有效的财务规划和预算管理措施，就会面临难以进行全面评估和监控经营绩效的挑战。在没有这些管理措施的情况下，企业很难确定是否达到了设定的目标，无法对业务绩效进行准确的量化分析。没有明确的目标和指标体系，企业可能无法有效评估业务的成功与否，也无法找到需要改进的领域。

财务规划和预算管理还能够为企业提供业务绩效的监控机制。通过与实际结果进行对比，企业可以了解业务运营是否达到预期，并及时采取措施进行调整。这种监控机制可以帮助企业发现问题和机会，并作出及时的决策来改善业务绩效。

财务规划和预算管理还能够为企业提供参考和比较的依据。通过与预算进行对比，企业可以评估自身的经营表现是否达到了预期，并与竞争对手进行比较。这种参考和比较可以帮助企业确定自身在行业中的位置和竞争力，并为未来的决策提供依据。

综上所述，缺乏财务规划和预算管理对中小企业的经营和财务状况产生不利影响。通过建立有效的财务规划和预算管理体系，中小企业可以更好地分配资源、控制风险、抓住商机和提升竞争力，实现可持续发展。

## 六、缺乏风险管理和内部控制

缺乏风险管理和内部控制对中小企业的财务管理带来了重大的挑战和风险。

### （一）忽视风险管理

在中小企业中，风险管理往往被忽视，主要体现在缺乏明确的风险管理策略和机制，并且管理者对潜在风险的充分认识和评估不足。

由于缺乏明确的风险管理策略和机制，中小企业可能无法有效地识别、评估和监控潜在风险。风险管理需要建立一套完整的流程和措施，包括风险识别、风险评估、风险应对和风险监控等环节，以及相应的责任分工和沟通机制。然而，在许多中小企业中，这些流程和措施可能没有得到充分的关注和实施，导致风险管理工作的不完善和不规范。

忽视风险管理工作会使企业面临一系列潜在风险。例如，中小企业可能无法及时发现市场竞争的变化、技术创新的风险、供应链中断的风险、金融风险等。这些风险如果没有得到及时的识别和评估，可能会给企业带来严重的损失和影响。此外，忽视风险管理也可能导致企业在经营决策中缺乏全面的考虑，从而增加了失败的可能性。

对于中小企业来说，风险管理尤为重要。由于资源和能力的限制，中小企业更容易受到各种风险的冲击。因此，建立健全的风险管理体系对于中小企业的可持续发展至关重要。只有通过充分认识和评估潜在风险，并制定相应的风险管理策略和措施，中小企业才能够更好地应对外部环境的变化和挑战，减少损失并保护企业利益。

### （二）内部控制不健全

中小企业通常缺乏健全的内部控制制度和流程，给企业的财务状况带来了一系列问题。内部控制是确保企业财务信息准确性、可靠性和合规性的重要环节，但由于缺乏有效的内部控制措施，中小企业容易面临一系列的风险和挑战。

缺乏健全的内部控制可能导致财务失误。没有明确的审批程序和核查机制，容易使财务操作产生错误或失误。例如，没有严格的审批流程可能导致未经授权的支出或不当的资金调拨，从而对企业的财务状况产生不利影响。

缺乏健全的内部控制可能导致错误的决策。在没有有效的内部控制措施的情况下，企业可能无法准确获取和分析财务信息。这可能导致管理层基于不准确或不完整的数据作出错误的决策，影响企业的经营效率和盈利能力。

缺乏健全的内部控制也增加了内部欺诈的风险。没有适当的审批程序和内部监督机制，员工有可能滥用其职权，从而进行不当的财务操作或盗窃行为。这种欺诈行为可能对企业的财务稳定性和声誉造成重大损害，同时也可能面临法律责任和经济损失。

### （三）财务失误和决策错误

财务失误和错误的决策对中小企业的影响不容忽视。这些问题通常源于风险管理和内部控制方面的不足，导致企业在财务管理方面出现严重偏差。一方面，若企业未能准确地记录和报告财务信息，就会使得企业的真实财务状况无法被准确评估和理解。这可能导致管理层对企业的财务状况产生误判，进而影响他们作出的决策的质量和准确性。

例如，如果企业未能准确记录收入和支出，会导致财务报表中的数字与实际情况不符,可能会误导管理层对企业的财务状况产生错误的理解。当管理层基于这些错误信息作出战略性或经营性决策时,可能会出现错误的判断,进而导致企业偏离预期的发展轨迹。

另一方面,缺乏适当的风险评估和管理机制也可能导致错误的决策。当企业面临重大风险时,管理层的决策可能受到影响。若企业没有建立完善的风险管理体系,无法充分评估风险的概率和影响,管理层可能会对风险的威胁程度产生错误的认知。这可能导致管理层在面临风险时作出不恰当的决策,从而增加企业面临的风险和不确定性。

举例来说,假设一个中小企业在市场竞争激烈的环境中运营,可能面临来自竞争对手的价格战。若企业管理层没有充分评估这一竞争环境和潜在的影响,可能会作出错误的决策,例如降低产品价格以保持市场份额。然而,这种决策可能会对企业的盈利能力产生负面影响,导致财务状况进一步恶化。

## (四) 内部欺诈和资产损失

内部欺诈和资产损失是一个企业所面临的严重问题,其根源可以追溯到缺乏有效的风险管理和内部控制机制。当企业未能建立适当的审计和监控体系时,员工可能会利用这一机会滥用职权,侵占企业的资产或进行虚假报销等不当行为。

这些内部欺诈行为可能对企业造成严重的财务损失,甚至可能威胁到企业的生存和声誉。内部欺诈的后果可能是灾难性的,企业可能丧失巨额资金,导致财务困境,甚至面临破产的风险。此外,这种行为还会损害企业的声誉和信誉,对其在市场上的地位和竞争力造成长期影响。

内部欺诈有多种形式,包括财务诈骗、虚假报告、偷盗企业资产等。这些行为可能发生在各个层级的组织中,涉及不同部门和岗位的员工。由于缺乏有效的风险管理和内部控制机制,这些行为可能长时间不被察觉,从而造成持续的资产损失。

要解决内部欺诈和资产损失问题,企业需要加强对风险管理和内部控制的重视，建立完善的审计和监控机制，加强对员工的培训和教育，提高他们的职业道德和意识。此外，建立举报机制和内部监督体系，鼓励员工举报可疑行为，对违规行为进行调查和惩罚也是必要的措施。

在解决这个问题时，企业还需要权衡措施的成本和效益。过度的监管和控制可能给员工带来不必要的压力，对企业的创新和发展产生负面影响。因此，企业需要在确保内部控制的同时，保持灵活性和积极的工作环境。

中小企业需要认识到风险管理和内部控制的重要性，并采取相应的措施来加强财务管理中的风险管理和内部控制，包括建立明确的风险管理策略和流程，加强内部控制的规范和执行，培训员工增强风险意识和遵循内部控制要求。通过健全的风险管理和内部控制，中小企业可以减少财务风险，保护企业利益，提高财务管理的可靠性和透明度。

# 第二节　中小企业财务管理问题成因分析

中小企业在财务管理方面常常面临一些问题，这些问题的成因是多方面的。主要表现在以下几个方面。

## 一、资金短缺和融资困难

资金短缺和融资困难会对中小企业的发展产生严重影响。

第一，规模较小限制融资能力。中小企业由于规模相对较小，往往难以提供足够的抵押物或担保来满足银行贷款的要求。与大型企业相比，它们的资产规模有限，往往无法提供足够的担保价值，因此银行在考虑贷款时更加谨慎。

第二，信用较低限制融资渠道。中小企业在业务运营初期或财务状况不稳定时，信用评级通常较低。这会使它们在寻求贷款或其他融资方式时遇到障碍，因为债权人对信用较低的企业可能感到担忧，认为其偿债能力和风险承受能力较弱。

第三，缺乏可行的融资方案。中小企业的业务模式和运作方式通常与传统的融资渠道不完全匹配。例如，一些创新型企业或初创企业缺乏可实施的商业模式，这使得传统的融资方式不适用。此外，对于某些行业或高风险领域，银行可能更加谨慎，限制了中小企业的融资机会。

第四，需求信息不对称。中小企业在融资过程中可能面临需求信息不对称的问题。银行或其他投资者可能难以获得足够的关于企业财务状况、经营模式和前景的准确信息，使得评估风险和决策融资的过程更加困难。

第五，宏观经济环境的影响。宏观经济环境的不稳定性和金融市场的波动也会影响中小企业的融资能力。在经济衰退或金融危机期间，银行更加谨慎，风险偏好下降，导致中小企业融资更加困难。

第六，利率和担保要求高。由于中小企业的融资风险相对较高，银行通常会要求较高的利率和更严格的担保要求。这会增加中小企业的融资成本和财务压力，限制了企业的扩张和发展能力。

面对资金短缺和融资困难，中小企业需要采取积极的策略来解决这些问题，例如寻找其他融资渠道、改善财务状况、建立信用记录、加强与投资者的沟通等。通过克服资金短缺和融资难题，中小企业可以获得更多的资金支持，推动业务发展和创新，实现可持续发展。

## 二、财务信息不完善、不准确

财务信息不完善、不准确对中小企业的财务管理带来了许多挑战和问题，体现在以下五个方面。

第一，会计记录不规范。中小企业可能由于缺乏专业会计人员或对会计准则缺乏充分了解，导致会计记录不规范，包括不及时、不准确地记录和分类财务交易，忽视或误解会计准则和法规，以及缺乏对关键财务信息的适当披露。

第二，财务报表编制不准确。中小企业在编制财务报表时，可能存在错误、遗漏或误解的情况，涉及计算错误、账务处理错误等。这些错误和不准确性可能会导致财务报表反映的企业财务状况和业绩与实际情况不符。

第三，缺乏内部控制机制。中小企业往往缺乏健全的内部控制机制，无法有效地监督和管理财务信息的记录和编制过程，可能导致信息泄露、财务数据的篡改、欺诈行为的发生，进而影响财务信息的准确性和可靠性。

第四，技术设备和软件不足。中小企业可能没有投入足够的资源来采购和维护适当的财务管理技术设备和软件。这可能导致数据处理和分析的不便利，增加了人工处理的风险和错误，从而影响了财务信息的准确性和及时性。

第五，人为因素和管理层关注度不足。中小企业中可能存在一些人为因素，例如员工的敷衍态度、对财务管理重要性的低估以及管理层对财务信息质量的关注度不足等，可能导致财务信息管理过程中的疏漏和错误，进而影响财务信息的完整性和准确性。

由于财务信息不完善和不准确，中小企业的管理者往往无法准确了解企业的财务状况和经营绩效，给企业的决策制定和战略规划带来了挑战。管理者在缺乏准确的财务信息的情况下，可能无法评估企业的盈利能力、偿债能力和现金流量状况，无法准确判断企业是否需要采取调整措施，无法及时发现和解决潜在的财务风险。此外，不准确的财务信息也可能影响与投资者、合作伙伴和金融机构的合作关系，降低企业的信誉度和声誉。

因此，中小企业需要认识到财务信息不完善和不准确的问题所带来的影响，采取相应的措施加强财务信息的管理和监督，确保财务信息的准确性、可靠性和及时性。

## 三、缺乏专业财务管理人才

缺乏专业财务管理人才是中小企业财务管理问题产生的一个主要原因，表现在以下四个方面。

第一，流程不规范。缺乏专业财务管理人才可能导致企业的财务管理流程不规范。财务管理涉及众多环节，包括会计核算、财务报告、预算编制等，每个环节都需要遵循一定的规范和准则。若企业缺乏专业人才，可能无法正确理解和应用这些规范，导致财务管理流程的混乱和不规范。

第二，缺乏科学决策依据。专业财务管理人才具备丰富的财务知识和技能，能够通过对财务数据的分析和解读，为企业的决策提供科学依据。然而，在缺乏专业人才的情况下，企业的决策可能更多地基于主观判断或经验，而缺乏基于准确财务信息的客观依据，可能导致决策的不准确和不科学，增加了企业面临的风险。

第三，内部控制失效和财务风险增加。缺乏专业财务管理人才可能导致企业内部控制的失效和财务风险的增加。专业人才在财务管理中扮演着重要角色，他们能够识别和预防潜在的风险，并制定相应的内部控制措施。然而，缺乏专业人才的企业可能无法建立有效的内部控制体系，容易发生财务失误、资产损失、盗窃等问题，增加了企业面临的财务风险。

第四，无法及时适应法律法规变化。财务管理涉及众多法律法规和会计准则的遵守。专业财务管理人才能够及时了解和适应这些法律法规的变化，并确保企业的财务管理符合相关要求。然而，缺乏专业人才的企业可能无法及时跟进法律法规的变化，导致财务管理不合规，面临法律风险和处罚的可能性增大。

总的来说，缺乏专业财务管理人才使得中小企业在财务管理方面面临诸多问题，包括流程不规范、决策缺乏科学依据、内部控制失效和财务风险增加、无法及时适应法律法规变化等。为了解决这些问题，中小企业需要重视人才培养和引进，加强对财务管理人才的培训和发展，提升企业的财务管理水平和能力。

## 四、财务管理意识不强

财务管理意识不强是中小企业财务管理问题的一个重要成因。这种情况往往源于中小企业对财务管理的理解不足以及对其重要性的低估，表现在以下五个方面。

第一，重视生产经营而忽视财务管理。中小企业通常在追求生产经营目标时，将财务管理放在次要位置。他们可能过于专注于产品开发、销售和生产效率，而忽视了财务管理对企业长期发展的重要性。这种偏重导致了财务管理的重要性被忽视，财务问题被搁置或忽略，从而埋下了潜在的财务风险。

第二，缺乏对财务管理的深入了解。中小企业的创业者和管理者可能在财务管理方面缺乏必要的知识和专业背景，他们可能没有接受过相关的培训或教育，无法充分理解财务管理对企业的战略意义和决策支持作用。缺乏深入了解，他们可能认为财务管理只是填写报表和处理账务的简单任务，从而无法意识到其更广泛的影响和作用。

第三，缺乏财务意识的文化和环境。在一些中小企业中，财务意识的培养并不是组织文化的一部分。企业的内部文化和管理环境可能更加注重生产和销售方面的指标，而忽视了财务管理对企业的战略性和可持续发展的重要性。这样的文化和环境可能导致财务管理被视为次要任务，缺乏足够的资源和关注。

第四，财务管理工作的复杂性和烦琐性。财务管理涉及众多复杂的任务和要求，包括财务报表的编制、资金管理、成本控制、税务规划等。这些任务需要耗费时间和精力，并且要求一定的专业知识和技能。对于那些没有财务背景或资源有限的中小企业来说，财务管理的复杂性可能让它们望而却步，觉得财务管理工作烦琐、不实用或难以理解。

第五，缺乏财务目标和绩效评估机制。中小企业在财务目标的设定和绩效评估机制方面可能存在缺失。缺乏明确的财务目标和有效的绩效评估体系，使得财务管理缺乏明确的方向和激励机制，进而减弱了财务管理的重要性和意识。

综上所述，中小企业财务管理意识不强的问题主要是因为重视生产经营而忽视财务管理、缺乏对财务管理的深入了解、缺乏财务意识的文化和环境、财务管理工作的复杂性和烦琐性，以及缺乏财务目标和绩效评估机制。了解这些成因可以帮助中小企业认识到财务管理的重要性，并采取相应的措施来加强财务管理意识，提升企业的财务管理水平。

## 五、缺乏科学的财务规划和预测

缺乏科学的财务规划和预测是中小企业财务管理面临问题的一个重要方面。

第一，不准确的结果预测。由于缺乏科学的财务规划和预测，中小企业往往无法准确预测未来的经济环境和市场变化。这可能导致预测结果的不准确性，企业可能低估或高估了未来的销售额、成本、利润等重要指标。这种不准确的预测结果可能导致企业作出错误的决策，影响企业的财务状况和经营绩效。

第二，错失市场机会。缺乏科学的财务规划和预测使得中小企业难以预见到市场的变化和机遇。当市场需求、竞争格局或行业趋势发生变化时，企业可能无法及时调整策略和资源配置，错失市场机会。没有有效的财务规划和预测，企业可能无法把握时机，无法适应市场的快速变化。

第三，不稳定的经营决策。缺乏科学的财务规划和预测，企业在作出重要的经营决策时缺乏准确的数据和依据。这可能导致企业在资金投入、产品开发、市场推广等方面作出不稳定的决策，缺乏长远的规划和目标。没有科学的财务规划和预测，企业的经营决策容易受到短期利益的影响，缺乏战略性的思考和长远的发展规划。

第四，资金周转困难。科学的财务规划和预测对于中小企业的资金周转至关重要。缺乏有效的财务规划和预测，企业可能无法合理安排资金使用，无法预测到资金需求的变化和峰谷期，导致资金周转困难。这可能会使企业陷入资金紧缺的局面，影响日常经营和发展。

第五，缺乏投资方向的指引。缺乏科学的财务规划和预测使得企业难以确定正确的投资方向。企业可能无法准确预测到各种投资项目的回报和风险，无法进行合理的投资决策。这可能导致企业在投资决策上盲目行动，选择风险较高或回报不佳的项目，影响企业的财务状况和长期发展。

综上所述，中小企业由于缺乏科学的财务规划和预测，面临着预测结果不准确、错失市场机会、不稳定的经营决策、资金周转困难以及缺乏投资方向指引等问题。这些问题可能会给企业带来财务风险和经营不确定性，影响企业的发展和竞争力。因此，加强财务规划和预测能力对于中小企业的财务管理至关重要。

## 六、缺乏风险管理意识

中小企业缺乏风险管理意识是一个普遍存在的问题。

第一，对市场风险缺乏认识。中小企业常常没有对市场风险进行充分的认知，它们可能未能深入了解市场竞争情况、消费者需求变化以及宏观经济环境的波动性。由于缺乏对市场风险的准确评估，企业可能无法及时调整产品定位、市场策略和销售渠道，从而错失机会或无法应对激烈的市场竞争。

第二，对信用风险的忽视。中小企业在与供应商、客户和合作伙伴进行商业交易时，往往对信用风险的重要性认识不足。它们可能没有建立有效的信用风险管理机制，缺乏对客户信用状况和供应商可靠性的评估，可能导致无法及时催收账款、遭遇付款违约或供应链中断等问题，进而影响企业的现金流和经营稳定性。

第三，对操作风险的忽视。中小企业可能对操作风险的意识相对较低。操作风险包括内部流程不规范、员工行为不当、设备故障等因素，可能导致生产事故、产品质量问题和信息泄露等风险。由于缺乏对操作风险的认知和控制措施，企业可能无法及时发现和纠正问题，从而导致质量损失、声誉受损以及法律责任等后果。

第四，缺乏风险管理流程和工具。中小企业可能没有建立健全的风险管理流程和工具，如风险评估、风险监测和风险应对机制等，使得企业在面临风险时缺乏系统性的反应和控制手段，无法有效地识别、评估和管理风险。

第五，倾向于经验主义和短期思维。一些中小企业倾向于以经验主义和短期利益为导向，忽视风险管理的长远性和战略性。它们可能过于关注眼前的业务运营和利润状况，而忽略了长期发展中可能面临的各种风险。这种短期思维和缺乏战略性的风险管理，可能使企业在面临潜在风险时无法作出及时和有效的决策。

综上所述，中小企业财务管理问题的成因涉及资金短缺和融资困难，财务信息不完善、不准确，缺乏专业财务管理人才，财务管理意识不强，缺乏科学的财务规划和预测，以及缺乏风险管理意识。了解这些成因有助于中小企业找到解决问题的切入点，采取相应的改进和创新措施。

# 第五章　中小企业财务管理能力提升对策建议

中小企业作为社会经济发展的基石，其稳定性和持续性直接影响到社会的经济结构和市场活力。然而，在充满挑战和机遇的经济环境中，中小企业财务管理问题一直是影响其持续稳定发展的重要因素。此问题不仅可能阻碍企业的经济效益，还可能影响其长期生存和发展。因此，对于中小企业来说，了解财务管理的重要性，选择合适的财务管理模式，创新管理途径，加强科学管理，并利用科技手段提升财务管理效率，已经变得至关重要。

本章将从四个方面探讨中小企业如何解决和应对财务管理中的问题。第一节，我们将讨论财务管理的重要性，并分析选择合适的财务管理模式的关键因素。我们将讨论如何根据企业的特性和环境，制定和选择最适合的财务管理模式。

第二节，我们将探讨创新的管理途径，以解决财务管理的问题。我们将考虑如何通过创新的方式，提高财务管理的效率和效果，从而提高企业的经济效益。

第三节，我们将讨论如何加强科学管理，并健全财务管理制度。我们将讨论如何通过制度建设和科学管理，确保企业财务的规范运行，从而减少财务风险，提高管理效率。

财务管理是企业生存和发展的重要支柱，因此，希望本章的内容可以为中小企业提供一些解决财务管理问题的有效策略和方法，从而推动企业健康、持续地发展。

# 第一节　重视财务管理，选择合适管理方式

在中小企业中，重视财务管理并选择合适的管理方式是确保企业财务健康和可持续发展的关键。

## 一、意识到财务管理的重要性

### （一）资金的获得和使用

资金的获得和使用在中小企业的运营和发展过程中起着至关重要的作用。中小企业需要不断筹集资金来满足日常运营的需求，包括支付员工工资、购买原材料、支付供应商贷款等。此外，需要资金来支持业务扩展、研发新产品或服务、市场推广以及投资于新的商机等。

对于中小企业而言，资金的获得渠道是一个重要的考虑因素。它们可以选择通过银行贷款来获得资金，这需要向银行提交贷款申请并满足一定的条件。银行贷款通常需要支付利息，因此企业需要评估自身的还款能力。另一种获得资金的方式是股权融资，即向投资者出售部分股份以换取资金。这需要企业与投资者进行谈判，并达成共识。选择合适的资金获得渠道对企业的长期发展至关重要。

资金的使用对中小企业的发展也有重要影响。企业需要决定如何分配可获得的资金，以达到最佳效果。这涉及投资项目的选择，企业需要评估各种投资机会的风险和回报，并选择最有利可图的项目。同时，成本控制也是资金使用的一部分。企业需要在日常运营中合理控制成本，以保持财务稳定和盈利能力，

包括减少不必要的开支、寻求更有效率的生产方法以及优化供应链等。

## （二）投资决策

投资决策对于中小企业的长期发展具有重要的影响。中小企业在进行投资决策时，需要考虑到多个因素，如投资项目的风险和预期收益。财务管理在这个过程中扮演着重要的角色，它帮助企业的管理层评估不同投资项目的潜在风险和可能带来的回报。

财务管理通过进行资本预算和投资分析，帮助管理者确定最具回报的投资机会。资本预算是指在特定时间段内用于投资的预算额度，通过对各项投资项目的风险和回报进行评估，管理者可以合理地分配投资资金，使得企业可以最大程度地获得回报。投资分析则是通过对投资项目的可行性进行评估，包括项目的收益率、回收期、净现值等指标，以确定项目的投资价值和可行性。

通过合理的投资决策，中小企业可以优化资源配置。管理者可以根据投资项目的风险和预期回报来决定如何分配有限的资金和其他资源。合理的资源配置可以帮助企业提高资本利用效率，使得有限的资源得到最大限度的利用。这样，企业可以在投资决策中最大程度地实现资源的价值，并为企业的持续增长提供动力。

## （三）财务风险管理

财务风险管理是企业管理中一个至关重要的方面，它涉及管理企业所面临的各种财务风险。财务风险的种类多样，主要包括市场风险、信用风险和流动性风险等。

市场风险是指企业所面临的由于市场行情波动引起的风险。市场风险包括股票价格波动、汇率波动、利率波动等，这些波动都可能对企业的财务状况产生影响。管理者需要通过对市场的深入研究和分析，以及制定相应的风险管理策略，来降低企业在市场风险方面的暴露程度。

信用风险是指企业在与其他合作伙伴（如供应商、客户、债权人）进行业务往来过程中所面临的违约风险。信用风险可能导致企业遭受坏账损失或无法按时收回应收款项，从而对企业的经营和财务状况造成负面影响。为了管理信用风险，企业需要建立健全的信用评估体系、加强与合作伙伴的沟通和监督，并制定明确的信用政策和合同条款。

流动性风险是指企业在短期内无法满足偿付债务和运营所需资金的风险。这可能导致企业面临资金短缺和支付能力不足的问题，进而可能影响企业的正常运营。为了管理流动性风险，企业需要制定合理的现金流管理策略、建立储备资金和制定灵活的融资方案，以确保企业能够及时满足资金需求。

为了有效管理财务风险，企业管理者需要建立一个完善的财务控制和风险管理机制。这包括制定合理的财务政策，确保企业在财务决策和运营方面具有明确的指导方针；建立预算和财务指标体系，以监控企业的财务状况和业绩表现；进行风险评估，识别和评估可能的财务风险，并制定相应的应对措施。

## （四）经营决策的支持

财务管理在支持经营决策方面扮演着关键的角色。它通过对财务数据的分析和报告，为管理者提供有关企业财务状况、经营绩效和盈利能力的重要信息，从而使他们能够作出有依据的决策。

财务管理通过提供财务数据的分析和报告，使管理者能够全面了解企业的财务状况，包括企业的资产、负债和所有者权益的组成，以及损益情况。通过对这些数据的深入分析，管理者可以评估企业的财务健康状况，识别潜在的风险和挑战，从而为制定正确的经营策略提供参考依据。

财务管理还能够揭示企业的经营绩效。通过对财务数据的分析，管理者可以评估企业在特定时期内的经营成果。例如，利润和销售额的增长率可以反映企业的市场竞争力和盈利能力。管理者可以根据这些指标来评估企业的经营绩效，并采取相应的措施来进一步提高企业的竞争力和盈利能力。

财务管理还可以提供财务预测和预警功能。通过对过去和当前的财务数据进行分析，管理者可以预测未来的财务表现，有助于管理者提前识别可能出现的问题和风险，并及时采取适当的措施加以应对。预警系统可以通过设定财务指标的阈值来监测企业的财务状况，并在超过或低于预设阈值时发出警报，以便管理者及时采取行动。

## （五）提高企业竞争力和经营绩效

提高企业竞争力和经营绩效是每个企业的目标之一，而有效的财务管理在实现这一目标中发挥着至关重要的作用。财务管理的有效运作可以为企业带来多方面的好处和优势。

通过合理的财务规划和控制，企业能够优化资源的配置。财务管理可以帮助企业评估当前的财务状况，制定正确的决策，以确保资源的最佳利用，包括确定投资项目的优先级，合理分配资金和预算，确保企业的各项活动都能够得到适当的资源支持。通过有效的资源配置，企业可以降低浪费和冗余，提高生产效率和运营效能，从而增强竞争力。

财务管理可以帮助企业降低成本。通过精确的财务分析和预测，企业能够识别出成本过高或效益不佳的环节，并采取相应的措施进行改进。财务管理可以提供对成本结构和支出的清晰洞察，使企业能够寻找降低成本的机会，并采取相应的节约措施，包括优化供应链管理、改进生产流程、节约能源和资源消耗等方面。通过降低成本，企业能够提高产品或服务的竞争力，获得更高的利润率。

财务管理还能够提供数据支持和绩效评估。企业可以通过财务报表和财务指标来了解企业的财务状况和运营情况，从而更好地制定目标和策略。财务数据的分析可以揭示出企业的强项和改进的空间，帮助管理者识别问题，并采取相应的措施进行调整和改进。此外，财务数据还可以用于评估企业的绩效，监测企业的发展趋势，为管理者提供及时的反馈和决策依据。

综上所述，意识到财务管理的重要性对中小企业的发展至关重要。财务管理涵盖了资金获得和使用、投资决策、财务风险管理等方面，能够提供重要的经营决策支持，提高企业的竞争力和经营绩效。因此，中小企业管理者应该重视财务管理，将其作为企业管理的核心之一，通过不断学习和提升财务管理能力，实现企业的可持续发展。

## 二、建立适合企业规模和特点的财务管理体系

建立适合企业规模和特点的财务管理体系对于中小企业的可持续发展至关重要。

### （一）确定财务管理的职责和权限

确定财务管理的职责和权限是建立一个有效的财务管理体系的首要步骤。这一步骤的目标是明确各个岗位在财务管理中的具体职责和权限，确保每个人都清楚自己的责任范围，并能够根据其权限履行职责。

需要确定财务部门的职能范围。财务部门在企业中扮演着关键的角色，负责管理和监督企业的财务活动。确定财务部门的职能范围将有助于明确其在财务管理中的具体职责，例如财务报告、预算编制、资金管理等。这样一来，财务部门能够更好地理解自己的职责，并为其他部门提供必要的财务支持。

明确财务人员的责任和权限也是至关重要的。财务人员承担着处理和管理财务数据的重要任务，因此他们需要清楚自己的职责范围，并了解自己在财务决策中的权力，包括财务人员能够进行的财务分析、报表编制、预算制定等工作，以及其在审批和授权方面的权限。明确责任和权限有助于财务人员更好地履行职责，确保财务数据的准确性和及时性。

财务部门还需要与其他部门协商好财务数据的收集和报告流程。财务数据在企业中产生于各个部门，而财务部门需要及时收集和整理这些数据，并向相关方提供准确的财务报告。因此，与其他部门协商好数据收集和报告流程非常重要，包括确定数据收集的时间表和方式，明确数据报告的格式和内容，以及建立有效的沟通机制，确保财务数据的流程畅通无阻。

通过明确职责和权限，财务管理可以变得高效而清晰。每个人都知道自己

在财务管理中扮演的角色，能够按照自己的权限和责任履行职责，有助于避免信息传递的滞后或混乱，确保财务数据的准确性和及时性。同时，明确的职责和权限也有助于提高整体的组织效率，确保财务管理体系的顺畅运作。

## （二）建立财务制度和流程

建立财务制度和流程是中小企业财务管理的重要方面，它们在确保财务活动的规范性和准确性方面起着关键的作用。财务制度和流程的建立需要根据企业的具体情况来制定，以确保其适合企业的规模和运营需求。

制定会计准则和会计政策是建立财务制度的重要环节。会计准则是财务报告的基础，它规定了会计核算的基本原则和方法。中小企业应根据自身的特点和行业要求，制定适用的会计准则，并确保会计政策的合规性。这样可以保证企业的财务数据准确无误，符合法律法规的要求。

建立财务流程是确保财务管理有效运作的重要一环。财务流程包括采购、收款、支付等各个环节的规范和控制。通过建立明确的采购流程，企业可以确保采购活动的透明度和合规性，避免滥用职权或侵占资产的行为发生。收款和支付流程的规范和控制则可以有效管理企业的现金流，降低财务风险。

确立审计和内部控制制度也是中小企业财务制度的重要组成部分。审计制度可以对企业的财务报告进行独立审查，保证财务数据的真实性和准确性。内部控制制度则是为了防范企业内部的欺诈和错误，确保财务管理的透明度和风险控制。通过建立审计和内部控制制度，中小企业可以提高财务管理的效率和可靠性，增强对财务活动的监督和管理能力。

## （三）确保财务信息的准确和及时性

财务信息的准确和及时性在中小企业的决策和经营中扮演着极其重要的角色。准确的财务信息能够为企业提供可靠的数据基础，帮助管理层作出正确的决策，评估企业的财务状况和经营绩效。同时，及时的财务信息可以使管理层及时掌握企业的财务动态，及时调整经营策略和决策，以应对市场变化和经营风险。

为确保财务信息的准确和及时，中小企业应该在财务管理体系中建立相应的措施和机制。首先，加强会计核算的质量管理是至关重要的。企业需要严格要求会计人员的专业素养和工作纪律，确保准确记录和报告财务数据。准确的会计核算是财务信息准确性的基础，因此必须建立内部审核机制，对财务数据进行有效的内部核对和审查。

其次，建立定期审核和审计机制也是确保财务信息及时、准确的重要手段。定期审核可以发现和纠正财务数据记录和报告中的错误，确保报告的可信度和真实性。审计则是独立的、专业的机构对企业财务报告进行全面的检查和评估，进一步增强财务信息的准确性和可靠性。

最后，利用财务软件和信息化系统来提高数据处理和报告的效率和准确性。财务软件可以自动化处理会计核算过程，减少人为错误的发生，并提供及时的财务报表。信息化系统可以实现财务数据的集中管理和实时监控，确保财务信息的及时性。

## （四）灵活调整财务管理体系

中小企业的特点常常会发生变化，因此财务管理体系需要具备灵活性和可调整性。这意味着企业管理者需要及时评估财务管理体系的适应性，并根据企业的发展和变化情况进行必要的调整和优化。灵活调整财务管理体系包括以下三个方面。

第一，调整财务部门的组织结构和人员配置。随着企业的发展，财务部门可能需要不同数量的人员来满足不断变化的需求。例如，一方面，当企业规模扩大时，可能需要更多会计师、财务分析师和税务专家等专业人员来处理更复杂的财务事务。另一方面，如果企业规模缩小或者某些财务工作被外包，管理者可能需要减少财务部门的人员数量。

第二，更新财务制度和流程。随着业务的发展和变化，原有的财务制度和流程可能不再适用或效率不高。例如，当企业开始拓展国际市场时，可能需要调整会计准则和报告要求，以符合国际财务标准。

第三，引入新的财务工具和技术。随着科技的不断进步，出现了许多新的财务工具和技术，如财务管理软件、在线支付系统、电子票据等。这些工具和技术可以提供更便捷、高效的财务管理方式，帮助企业更好地适应外部环境的变化。

通过灵活调整财务管理体系，中小企业可以更好地适应外部环境的变化，并支持企业的战略目标和业务需求。这种调整可以使企业更具竞争力，更灵活地应对市场的挑战，并能够更好地利用财务资源来支持企业的发展和壮大。因此，管理者应密切关注企业的发展动态，及时调整和优化财务管理体系，以确保企业能够持续地适应和应对变化的商业环境。

总之，中小企业应根据企业的规模和特点，建立适合的财务管理体系，包括确定财务管理的职责和权限、建立财务制度和流程、确保财务信息的准确和及时性，并灵活调整和优化财务管理体系。通过建立适合的财务管理体系，中小企业可以更好地管理财务风险，提高财务决策的准确性和效率，为企业的可持续发展奠定坚实的基础。

## 三、使用合适的财务管理工具和技术

在中小企业的财务管理中，合理运用适合的财务管理工具和技术可以提高财务管理的效率和准确性。

### （一）预算和财务指标体系

一方面，预算和财务指标体系在有效管理企业财务方面发挥着重要的作用。预算的建立可以帮助企业设定经营目标和制订详细的计划，从而为企业的经营活动提供指导和框架。预算不仅限于财务方面，还包括其他关键领域，如销售、生产和人力资源等。通过预算，企业可以合理分配资源、控制成本，并预测和规划未来的财务需求。

另一方面，财务指标体系是衡量企业财务绩效的重要工具。这些指标涵盖不同方面，包括财务健康、盈利能力、流动性和资产负债状况等。通过对这些指标进行监测和分析，管理者可以评估企业的财务状况，并及时采取相应的措施来改善业绩或调整经营策略。财务指标体系还可以提供参考指标，帮助管理者了解企业在行业中的竞争地位以及与同行业其他公司的比较情况。

建立科学合理的预算和财务指标体系对于企业的成功至关重要。这些体系需要综合考虑企业的战略目标、市场需求、行业趋势和内部资源等因素。管理者应当确保预算和财务指标的制定过程透明、准确，并且与企业的整体战略一致。只有在建立了有效的预算和财务指标体系后，管理者才能更好地了解企业的财务状况和经营绩效，及时发现问题并采取相应的纠正措施。这样的体系还可以帮助企业在竞争激烈的市场环境中保持灵活性和适应性，实现财务目标并持续发展。

## （二）成本管理和绩效评估方法

一方面，成本管理是中小企业在优化资源配置和提高经营绩效方面的关键工作之一。通过有效的成本管理方法，企业可以降低成本、提高效益，并在竞争激烈的市场中保持竞争力。

成本管理方法的核心包括成本控制、成本分析和成本优化等方面。成本控制是指通过监控和限制各项成本支出，确保企业在可控范围内实现成本目标。通过制定合理的预算和成本控制措施，企业可以有效控制开支，避免资源的浪费。

成本分析是对企业各项成本进行深入分析和评估的过程。通过对成本的细致分解和研究，企业可以识别出成本的主要构成因素，并找出成本高昂的环节和潜在的节约空间。这种分析可以为企业提供决策依据，以便在降低成本的同时提高效率和质量。

成本优化是指在保持业务正常运转的前提下，通过改进业务流程和采用更有效的资源配置方式，实现成本的最优化。中小企业可以通过精简流程、提高生产效率、采购策略调整等手段来降低成本，并在资源有限的情况下取得最大化的经济效益。

另一方面，绩效评估方法对于中小企业的经营绩效提升和优化也至关重要。绩效评估方法包括绩效指标的设定和测量、绩效考核和激励机制等方面。通过设定合理的绩效指标并进行定期测量，企业可以了解自身在各项指标上的表现，并及时发现问题和改进空间。

绩效考核是对企业各项绩效指标进行评估和排名的过程。通过对员工和团队的绩效进行评估，企业可以发现绩效优秀者和亟待改进者，为员工提供明确的目标和激励，并进一步推动企业绩效的提升。

激励机制是通过奖励制度和激励政策来激发员工积极性和创造力的方法。中小企业可以通过设计合理的奖励机制，如薪酬激励、晋升机会等，以及提供良好的工作环境和培训机会，来激励员工的工作热情和投入度，从而推动企业整体绩效的提升。

通过科学运用成本管理和绩效评估方法，管理者可以更好地了解企业的成本结构和资源利用效率，有助于管理者及时采取措施来提高经营效益，优化资源配置，并确保企业的可持续发展。因此，中小企业应当重视成本管理和绩效评估方法的应用，以提升企业的竞争力和长期发展能力。

## （三）数据分析工具

在大数据时代，数据分析工具在财务管理中扮演着越来越重要的角色。随着中小企业越来越多地利用数据分析工具，它们能够挖掘和分析财务数据，揭示数据中隐藏的规律和问题。数据分析的应用可以帮助管理者更深入地了解企业的财务状况，预测未来的趋势，并且识别风险和机会。通过科学的数据分析过程，管理者能够作出更加准确和科学的决策，从而提高财务管理的效果。

数据分析工具能够处理大量的数据，并利用各种算法和技术来分析这些数据。这些工具可以从各个角度和维度对财务数据进行深入的研究和挖掘。例如，它们可以识别出财务数据中的趋势和模式，帮助管理者了解财务指标的变化和关联性。此外，数据分析工具还能够通过建立模型和预测算法来预测未来的财务走势，为企业的决策提供参考依据。

数据分析还可以帮助管理者识别潜在的风险和机会。通过对财务数据进行细致的分析，管理者可以发现存在的风险因素，例如高风险的投资项目或者资金缺口。同时，数据分析还能揭示出企业可能面临的机会，如新的市场趋势或者增长潜力。

通过运用数据分析工具，管理者可以更好地了解企业的财务状况和运营情况，从而作出正确的决策。这些决策可以基于数据和事实，减少主观性的影响，提高决策的准确性和可靠性。此外，数据分析还能帮助管理者监控财务绩效，并及时采取措施来改善和优化财务管理。

总之，中小企业可以运用合适的财务管理工具和技术来提高财务管理的效率和准确性。预算和财务指标体系、成本管理和绩效评估方法以及数据分析工具都是有效的工具和技术。通过合理运用这些工具和技术，中小企业的管理者可以更好地掌握企业的财务信息，及时发现问题并采取相应措施，促进企业的健康发展。

## 四、加强内外部沟通与合作

加强内外部沟通与合作对于中小企业的财务管理至关重要。

### （一）内部沟通

在中小企业中，各部门之间的良好沟通与协作是有效财务管理的关键。财务部门需要与销售、采购、生产等部门进行密切合作，了解它们的需求和业务活动，以便更好地支持和满足它们的财务需求。例如，财务部门可以与销售部门协调预算编制和销售目标的制定，与采购部门合作优化供应链管理以降低成本，与生产部门沟通生产计划和成本控制等。通过内部沟通，各部门可以更好地协调和配合，确保财务管理与企业的战略和目标保持一致。

此外，内部沟通还有助于发现和解决潜在的财务问题。财务部门可以与其他部门密切合作，共同分析财务数据和业务情况，及时发现异常和风险，并采取相应的措施进行调整和纠正。例如，销售部门可能提供关于市场需求和竞争动态的信息，供应链部门可能提供与成本和库存有关的数据，而生产部门可能提供关于生产效率和资源利用的信息。通过共享和分析这些信息，财务部门可以更好地理解企业的财务状况和经营状况，从而制定更准确和有效的财务管理策略。

## （二）外部合作

除了内部沟通，中小企业还应加强与外部利益相关者的合作和沟通，包括与银行、投资者、供应商、客户等建立良好的合作关系。

与银行的合作可以帮助中小企业获得所需的资金支持。财务部门应与银行保持定期沟通，向银行提供准确的财务信息，展示企业的偿债能力和信用状况。通过与银行的合作，中小企业可以获得更有利的贷款条件、资金周转和风险管理支持。

与投资者的合作可以帮助中小企业吸引外部投资，并获得更多的资本和资源。财务部门可以与投资者进行定期的财务报告和业绩沟通，向他们提供准确和透明的财务信息，增强他们对企业的信任和投资意愿。

与供应商和客户的合作可以优化供应链和市场营销。财务部门可以与供应商建立长期合作关系，确保供应链的稳定和成本的控制。与客户的合作可以帮助中小企业了解市场需求和客户反馈，进而调整产品定位、开展市场推广和提高客户满意度。

通过加强内外部沟通与合作，中小企业能够更好地获取外部资源和支持，提高企业的发展机会和竞争力。同时，良好的合作关系还可以为中小企业带来商业机会和战略合作的可能性，促进企业的创新和成长。因此，中小企业应重视内外部沟通与合作，建立良好的合作关系，并与利益相关者保持密切的沟通和合作，以实现共同的利益和持续的业务发展。

## 五、持续学习和提升财务管理能力

为了应对快速变化的商业环境和财务管理领域的不断发展，中小企业管理者应该将持续学习和提升财务管理能力作为一项重要任务。

### （一）学习最新财务管理理论和实践

学习最新财务管理理论和实践是中小企业管理者在提升自身能力和推动企业发展过程中非常重要的一环。财务管理领域不断涌现出新的理论和实践，这些新知识可以为管理者提供宝贵的启示和指导，帮助他们更好地理解和应对复杂的财务管理挑战。

一种学习最新财务管理理论和实践的方法是通过阅读专业书籍、学术期刊和研究报告。这些资料通常由财务领域的专家和学者编写，提供了最新的研究成果和观点。通过深入研读这些文献，管理者可以了解到最新的财务管理趋势和理论框架，掌握先进的财务管理思想和方法。

关注财务管理领域的研讨会、会议和学术论坛也是学习最新财务管理理论和实践的重要途径。这些活动通常聚集了各行各业的专家和从业者，他们分享自己的研究成果和实践经验。通过参与这些讨论和交流，管理者可以与同行们深入探讨财务管理的前沿话题，了解不同企业和行业的最佳实践，从中获得新的思路和启发。

与同行分享经验和见解也是学习最新财务管理理论和实践的有效方式。管理者可以通过行业协会、商业网络和社交媒体等渠道与其他企业的管理者建立联系，分享彼此的经验和见解。这种经验交流可以促进知识的共享和互相学习，帮助管理者拓宽思路，从不同角度思考和解决财务管理问题。

综上所述，学习最新财务管理理论和实践对于中小企业管理者来说至关重要。通过阅读专业文献、参加研讨会和与同行交流，管理者可以不断更新自己的知识体系，从而更好地应对财务管理挑战，推动企业的可持续发展。

## （二）参加培训和学习活动

中小企业的管理者可以通过参加专门针对财务管理的培训课程和学习活动来提升自己的能力。这些培训课程通常由专业机构、商学院或咨询公司提供，它们涵盖了财务报表分析、财务规划与预测、风险管理等方面的知识和技能。

首先，这些培训课程提供了系统化的学习机会，使管理者能够全面地了解财务管理的核心概念和实践技巧。通过系统学习，管理者可以获得对财务报表的分析能力，了解如何解读和利用财务数据来评估企业的财务状况。他们还可以学习财务规划和预测的方法，以便更好地规划企业的未来发展方向和财务目标。

其次，参加培训和学习活动可以帮助管理者提高风险管理能力。他们可以学习如何识别和评估风险，并制定相应的风险管理策略。财务管理涉及企业的资金流动和投资决策，因此管理者需要具备一定的风险意识和管理技巧，以应对可能出现的各种风险和挑战。

最后，参加培训和学习活动还可以帮助管理者与其他行业专业人士建立联系和交流经验。在培训班上，管理者可以与来自不同企业和行业的人员进行互动，分享彼此的观点和经验。这种交流和合作有助于开拓管理者的思维，了解不同行业的最佳实践，并从中获得启发和借鉴。

## （三）借鉴成功企业的财务管理经验

借鉴成功企业的财务管理经验是中小企业管理者提升自身财务管理能力的一种有效途径。成功企业通常积累了丰富的经验和实践经历，它们在财务管理方面采取的决策和策略往往具有一定的可借鉴性。通过研究成功企业的案例，中小企业管理者可以深入分析这些企业在财务决策、投资策略、资金管理等方面的做法和经验，从中获取有益的启示和教训。

研究成功企业的财务管理案例，有助于中小企业管理者了解到不同行业和市场环境下的成功经验。他们可以观察成功企业在面对财务挑战时是如何应对的，如何进行投资决策，如何合理管理资金流动，等等。这样的案例分析可以帮助管理者更好地理解财务管理原理，并将其应用于自身企业的实际操作中。

与成功企业的管理者进行交流和合作也是提升财务管理能力的重要途径。通过与成功企业的管理者建立合作关系，中小企业管理者可以分享各自的经验和见解，从中互相学习和启发。这种交流合作的平台可以是行业协会、商业活动、研讨会等。通过与成功企业管理者的互动，中小企业管理者可以了解到他们的财务管理实践和策略，同时也能够提出问题和寻求建议，进一步提升自身的财务管理能力。

### （四）实践和反思

实践和反思在学习财务管理中扮演着至关重要的角色。仅仅掌握理论知识是不够的，必须将这些知识应用于实际操作中，以便更好地理解和掌握财务管理的核心概念和技能。

实践的重要性体现在管理者积极参与财务管理的各个环节。首先，参与预算制定的过程。预算制定是财务管理中的一项重要任务，它涉及对资金分配的规划和控制。通过亲身参与预算制定，管理者可以更好地了解企业的财务需求和目标，以及如何根据这些需求和目标进行资金的合理分配。

其次，参与投资决策也是实践的重要方式。投资决策是指在可行性分析的基础上，选择最具回报潜力的投资项目。管理者需要运用财务管理的知识和技巧，对各种投资选项进行评估和比较，以便作出正确的决策。通过实际参与投资决策的过程，管理者可以提升他们的投资眼光和判断力，进而改善组织的财务状况。

最后，管理者还应该参与财务报告的分析。财务报告是衡量组织财务状况和业绩的重要工具。通过深入分析财务报告，管理者可以获取关于组织财务状况的详细信息，包括收入、支出、利润、资产和负债等方面。这有助于他们了解企业的财务健康状况，并在需要时采取相应的措施。

仅仅进行实践是不够的，还需要进行及时的反思和总结。管理者需要不断地反思自己在实践中的行为和决策，并对其进行客观的评估。这种反思可以帮助他们发现问题、分析原因，并从中汲取经验教训。通过总结实践中的成功和失败，管理者可以进一步提高自己的财务管理能力，以便更好地应对未来的挑战。

持续学习和提升财务管理能力是中小企业管理者应该重视的重要任务。通过学习最新的财务管理理论和实践、参加培训和学习活动、借鉴成功企业经验、进行案例分析和经验分享以及实践和反思，管理者能够不断提升自身的财务管理能力，为企业的发展和创新提供有力的支持。

总之，中小企业应重视财务管理并选择适合企业的管理方式，包括建立适合规模和特点的财务管理体系，使用合适的财务管理工具和技术，加强内外部沟通与合作，并持续学习和提升财务管理能力。通过有效的财务管理，中小企业能够更好地掌握财务状况，作出准确的决策，推动企业的发展和创新。

# 第二节 创新管理途径，解决财务管理问题

中小企业在财务管理中面临着各种问题，包括资金短缺、风险管理不足、成本控制困难等。为了有效解决这些问题，中小企业需要采取创新的管理途径.

## 一、制定财务创新策略

制定财务创新策略是中小企业解决财务管理问题的重要途径之一。

1. 探索新的融资渠道

中小企业在资金需求方面常常面临挑战。传统的融资渠道可能不够灵活或难以获得，因此，中小企业可以寻找和探索新的融资渠道。例如，可以尝试与风险投资机构合作，寻找股权投资或创业基金；借助互联网金融平台，进行众筹或 P2P 借贷；与银行建立合作关系，开展供应链融资；等等。这些新的融资渠道可以为中小企业提供更多选择，帮助解决资金短缺问题。

2. 创新的财务产品和服务

中小企业可以通过创新财务产品和服务来满足不同的财务管理需求。例如，可以开发适合中小企业的贷款产品，提供灵活的还款方式和利率结构；设计适用于中小企业的财务管理工具和软件，帮助企业实时监控和分析财务数据；提供定制化的财务咨询和培训服务，帮助企业提高财务管理能力。通过创新的财务产品和服务，中小企业可以更好地满足财务管理的需求，提高效率和竞争力。

3. 拓展市场和业务模式

财务创新策略也包括拓展市场和业务模式。中小企业可以通过开拓新的市场领域，拓展产品线或服务范围来增加收入来源。同时，还可以尝试不同的业

务模式，如共享经济、线上销售等，以更高效的方式运营企业并获得更好的财务结果。

4. 加强财务与战略规划的结合

财务创新策略需要与企业的战略规划相结合。中小企业应该将财务管理纳入战略规划的考虑，确保财务目标与企业整体目标一致。例如，通过制定财务指标与关键绩效指标相结合，将财务管理与企业的战略目标相连接，以实现整体业绩的提升。

5. 寻求合作与共享资源

中小企业可以通过合作与共享资源来实现财务创新。与其他企业或机构建立合作伙伴关系，可以共享财务资源和经验，降低财务成本，提高效率。例如，可以与供应商或客户建立战略合作伙伴关系，共同开展资金管理、账期安排等；还可以加入行业协会或商业联盟，共同开展市场推广和财务合作。通过合作与共享资源，中小企业可以扩大财务管理的影响力和效果。

## 二、引入科技创新

引入科技创新是中小企业解决财务管理问题的重要途径之一。

1. 引入财务管理软件和系统

中小企业可以选择适合自身需求的财务管理软件和系统，例如会计软件、财务分析工具、资金管理系统等。这些软件和系统能够实现财务数据的自动化处理、存储和分析，减少人工录入错误和数据处理时间，提高工作效率。

2. 自动化财务报告

通过引入科技创新，中小企业可以实现财务报告的自动化生成。财务软件和系统可以根据输入的财务数据，自动生成各类财务报表和分析报告。这不仅可以减轻人工编制报表的工作量，还可以提高报表的准确性和及时性，使管理者能够更及时地了解企业的财务状况。

### 3. 数据分析和决策支持

科技创新还提供了强大的数据分析和决策支持工具，帮助中小企业更好地理解和利用财务数据。通过数据分析软件，可以进行趋势分析、比较分析、预测分析等，为管理者提供更准确的决策依据。这有助于发现潜在的财务问题和机会，优化企业的财务决策。

### 4. 云计算和在线协作

中小企业可以利用云计算技术和在线协作工具来改善财务管理。云计算可以帮助企业实现财务数据的安全存储和备份，并实现随时随地的访问。在线协作工具则可以促进团队间的合作和沟通，提高工作效率和质量。

### 5. 电子支付和电子发票

科技创新还提供了方便快捷的电子支付和电子发票系统。中小企业可以采用电子支付方式，简化企业的财务流程，提高资金的周转效率。同时，使用电子发票系统可以减少纸质发票的开具和管理成本，提高发票的准确性和安全性。

## 三、推行绩效管理

推行绩效管理对于中小企业的财务管理具有重要的意义。

### 1. 设定明确的目标

中小企业应该明确制定财务管理的目标，并将其与企业的整体战略目标相对应。这些目标可以是增加收入、降低成本、提高利润率等方面的指标。设定明确的目标有助于激发员工的工作动力和责任感，并使他们明确自己的工作与企业整体目标的关联。

### 2. 制定量化的绩效指标

绩效管理需要建立一套量化的绩效指标体系，以便对员工的工作表现进行评估和衡量。这些指标可以包括财务方面的指标（如利润增长、现金流等），也可以包括非财务方面的指标（如客户满意度、工作效率等）。确保指标的设定具有可衡量性和可操作性，以便有效地评估绩效。

### 3. 建立绩效评估机制

中小企业需要建立一个科学合理的绩效评估机制，用于对员工的绩效进行定期评估和反馈。评估可以采用多种方式，如定期考核、360 度评估、绩效面谈等。通过绩效评估，管理层可以了解员工的工作表现，发现问题和优化机会，并对员工的贡献给予相应的激励和奖励。

### 4. 激励员工的积极性和创造力

绩效管理应该与激励制度相结合，激励员工提高绩效并发挥创造力。奖励可以是经济方面的，如绩效奖金、提成制度等，也可以是非经济方面的，如晋升机会、培训机会等。激励制度应该与绩效评估相结合，确保激励的公平性和可持续性。

### 5. 持续改进和反馈

绩效管理应该是一个持续的过程，而不仅仅是一次性的评估。中小企业应该定期对绩效管理体系进行评估和改进，根据实际情况调整绩效指标和评估方法。同时，及时给予员工反馈，指导他们在工作中不断改进和提高。

## 四、加强风险管理

加强风险管理对于中小企业的财务管理至关重要。

### 1. 多元化经营策略

中小企业应采取多元化经营策略来分散风险。过度依赖单一产品或服务可能会使企业在市场波动或行业变化时面临较大的风险。通过开发新产品、拓展新市场或扩大产品线等方式，中小企业可以减轻特定风险对企业的影响，增加经营的灵活性和稳定性。

### 2. 建立风险管理部门或委托专业机构

中小企业可以考虑建立专门的风险管理部门或委托专业机构进行风险评估和监测。这些部门或机构可以负责识别、评估和监控各类风险，包括市场风险、信用风险、操作风险等。他们可以通过制定相应的风险管理计划和应急预案，及时应对和降低风险带来的财务损失。

3. 购买适当的保险

中小企业应考虑购买适当的保险来降低财务风险。不同类型的保险可以覆盖企业面临的各种风险，如财产损失、自然灾害、第三方责任等。购买保险可以帮助企业在风险事件发生时获得经济补偿，减轻损失的影响。同时，购买保险也可以提高企业的信誉度，增强合作伙伴和投资者对企业的信心。

4. 定期进行风险评估和监测

中小企业应定期进行风险评估和监测，及时识别和分析潜在风险。通过对市场趋势、竞争环境、政策变化等的监测，企业可以更好地预测和应对风险。此外，建立有效的内部控制机制和监管体系，确保财务活动的合规性和透明度，有助于预防和减少潜在风险的发生。

5. 加强合作与信息共享

中小企业可以加强与其他企业和机构的合作与信息共享，通过集体行动和资源整合来降低风险。合作可以提供更大的规模和资源优势，共同应对行业风险和市场挑战。此外，与行业协会、专业机构和政府部门保持紧密合作，及时获取行业发展动态和政策变化，有助于中小企业更好地应对和管理财务风险。

## 五、培养财务管理人才

培养财务管理人才是中小企业解决财务管理问题的重要环节。

1. 内部培训和外部培训

中小企业可以通过内部培训和外部培训来提升财务管理人员的知识和技能。内部培训可以组织针对财务管理的专题讲座、工作坊或研讨会，提供实际案例分析和解决方案，帮助财务人员理解财务管理的基本概念和技巧。同时，中小企业还可以利用外部培训资源，参加行业协会或专业机构组织的培训课程，获取更广泛的财务管理知识和经验。

2. 招聘与选拔

中小企业在招聘财务管理人员时应注重专业能力和经验。除了基本的财务知识和技能外，还应考虑候选人的分析能力、沟通能力、团队合作能力等综合素质。可以通过设立合适的岗位要求和面试流程，筛选出适合企业发展需要的财务管理人才。

3. 外部咨询

中小企业可以借助外部财务咨询机构的专业知识和经验，提升财务管理水平。外部咨询公司可以为企业提供财务规划、财务战略、风险管理等方面的指导和支持。他们具有丰富的行业经验和专业知识，可以帮助企业识别问题、提供解决方案，并指导企业在财务管理方面的持续改进。

4. 实践与经验分享

中小企业可以鼓励财务管理人员参与实际项目和跨部门的合作，提供实践锻炼的机会。此外，企业可以组织内部的经验分享会，让财务管理人员分享彼此的经验和教训。通过实践和经验分享，财务管理人员能够更好地应对实际问题，积累实践经验，不断提升自身的能力和水平。

5. 职业发展规划

中小企业应为财务管理人员提供良好的职业发展规划和晋升机制。包括设立明确的职业晋升路径、提供培训和学习机会、定期进行绩效评估等。通过激励和潜力发掘，可以激发财务管理人员的工作动力和创造力，并留住优秀的人才。

## 六、建立合理的成本控制机制

建立合理的成本控制机制对于中小企业来说至关重要。

1. 成本核算标准的制定

中小企业应该建立适合自身业务特点的成本核算标准，涉及对各项成本进行准确的估算和分类。例如，针对原材料成本，制定合理的采购策略，与供应商进行谈判以获得更有竞争力的价格；对于人力资源成本，建立有效的工资体系，并考虑人员绩效和激励机制；对于运营成本，可以制定详细的预算和费用控制措施，确保各项费用在可接受范围内。

2. 优化供应链管理

供应链管理对于成本控制至关重要。中小企业可以与供应商建立长期稳定的合作关系，以获得更好的采购条件和供应链服务。此外，考虑与供应商共享信息、协同规划和预测，以减少库存和运输成本。同时，通过评估和筛选供应商，选择性地与具有高性价比的供应商合作，降低原材料和零部件的采购成本。

3. 改进生产流程

优化生产流程是降低成本的关键。中小企业可以通过精益生产和业务流程再造等方法来提高生产效率和资源利用率。例如，通过合理安排工作流程、减少废品和不必要的等待时间，降低生产成本。此外，引入先进的生产技术和设备，提高生产自动化程度，也可以有效地降低人力资源成本。

4. 控制非必要费用

中小企业应当审慎管理和控制各类非必要费用，如办公费、差旅费、会议费等。通过制定合理的费用预算、审批机制和审计制度，避免费用的浪费和滥用。同时，中小企业可以借助信息化技术来提高费用管理的效率，例如使用在线会议工具替代部分差旅费用，或利用数字营销渠道替代传统的广告宣传方式等。

5. 管理成本与质量的平衡

在成本控制的过程中，中小企业需要注意成本与质量之间的平衡。降低成本不应以牺牲产品或服务质量为代价。因此，在制定成本控制措施时，应确保产品或服务的质量符合客户的期望和需求。这可能需要进行供应商评估、生产工艺改进和质量管理的加强，以保证成本控制与质量管理的协调。

通过创新的管理途径，中小企业可以解决财务管理中的各种问题，并提高财务管理效率和质量。重视财务创新、科技创新、风险管理、人才培养和成本控制等方面的创新管理措施，将为中小企业的财务管理带来新的机遇和突破点。

# 第三节　加强科学管理，健全财务管理制度

为了解决中小企业财务管理存在的问题，加强科学管理，建立健全的财务管理制度是至关重要的。

## 一、设立完善的财务管理部门

中小企业应设立专门的财务管理部门或聘请专业的财务管理人员。

### （一）重要性

1. 专业化管理

设立财务管理部门可以实现财务管理的专业化，确保企业的财务工作由专业人员负责。这些人员具备相关的财务知识和技能，能够有效地规划、分析和监督企业的财务活动，确保财务管理的科学性和规范性。

2. 资源整合

财务管理部门可以协调企业内外部的财务资源，包括资金、资产和财务信息。它们能够有效管理企业的资金流动，进行资金筹集和配置，提供及时准确的财务信息，为决策者提供重要依据。

3. 风险控制

财务管理部门能够及时发现和控制财务风险，预防和应对财务风险对企业的不利影响。它们可以制定和实施内部控制制度，确保财务操作的合规性和风险的可控性。

## （二）职责

### 1. 财务规划与预测

财务管理部门负责制定企业的财务规划和预测，包括预算编制、资金计划和财务目标的设定。它们通过对市场环境和企业内部情况的分析，制订合理的财务计划，为企业的发展提供财务支持和指导。

### 2. 财务分析与报告

财务管理部门进行财务数据的分析和报告，评估企业的财务状况和经营绩效。它们通过制定财务指标和报表，进行财务比较和趋势分析，向管理层提供准确的财务信息和建议，支持决策和改进经营。

### 3. 资金管理与控制

财务管理部门负责企业资金的管理和控制。它们通过资金筹集和配置，进行资金预测和监控，确保企业资金的充足性和合理使用。财务部门也负责与银行和其他金融机构的沟通和协调，维护良好的资金关系。

### 4. 合规与审计

财务管理部门确保企业财务活动符合相关法律法规和会计准则。它们通过建立和执行内部控制制度，确保财务操作的合规性和准确性。财务部门也负责与审计机构的合作，协助进行内外部审计工作，提供财务数据和文件。

## 二、建立健全的财务制度和流程

建立健全的财务制度和流程对于中小企业的财务管理至关重要。

### 1. 建立财务报告制度

中小企业应建立财务报告制度，明确财务报告的编制要求和时间表。制定财务报告的标准和格式，确保财务信息的准确、全面和及时。财务报告包括资产负债表、利润表、现金流量表等，通过这些报告，可以清晰地反映企业的财务状况和经营成果。

2. 建立核算制度

中小企业应建立核算制度，明确会计准则和方法。核算制度涉及会计政策、会计核算方法、固定资产管理、库存管理等方面的规定。通过统一的核算制度，可以确保财务数据的准确性和可比性，为决策提供可靠的依据。

3. 建立资金管理制度

中小企业应建立资金管理制度，明确资金的使用和监督程序。资金管理制度包括资金预算、资金筹措、资金支付和资金监控等方面的规定。通过合理的资金管理，可以避免资金的浪费和滞留，确保企业的正常运转和发展需求。

4. 建立成本控制制度

中小企业应建立成本控制制度，明确成本的核算和控制方法。成本控制制度应涵盖原材料采购、生产成本核算、销售成本核算等方面的规定。通过合理的成本控制，可以降低成本、提高利润，增强企业的竞争力。

5. 建立财务审批流程

中小企业应建立财务审批流程，明确财务活动的审批权限和程序。财务审批流程应涵盖采购支出、费用报销、资金调拨等方面的审批程序。通过规范的审批流程，可以提高财务决策的透明度和准确性，防止财务风险的发生。

6. 建立内部控制机制

中小企业应建立内部控制机制，确保财务活动的合规性和风险控制。内部控制机制包括风险评估、审计制度、内部审查等方面的内容。通过健全的内部控制机制，可以减少财务操作中的错误和舞弊行为，保护企业的财务利益和声誉。

## 三、加强内部控制

加强内部控制是确保中小企业财务管理真实性和可靠性的重要手段。

1. 建立审计制度

中小企业应建立健全的审计制度，明确审计的范围、程序和责任。这包括定期进行内部审计和外部审计，通过审计活动对企业的财务状况和财务活动进行检查和评估，确保财务信息的准确性和合规性。

2. 建立风险管理制度

中小企业应建立风险管理制度，识别、评估和控制各类风险。包括财务风险、市场风险、操作风险等。通过制定风险管理策略、建立风险评估机制和采取相应的风险控制措施，降低风险对企业财务管理的影响。

3. 建立内部审查制度

中小企业应建立内部审查制度，对企业的财务活动和财务管理进行定期的内部审查。内部审查可以发现和纠正财务管理中的问题和漏洞，提出改进建议，并确保财务管理的合规性和有效性。

4. 建立资产管理制度

中小企业应建立资产管理制度，包括固定资产的登记和管理、库存管理、应收账款管理等。通过规范资产管理流程和制度，防止资产的浪费、挪用和丢失，确保企业资产的安全和有效利用。

5. 建立现金管理制度

中小企业应建立现金管理制度，包括现金收付流程、现金监控和预测、资金调配等方面的规定。通过建立合理的现金管理制度，及时监控企业的现金流动，避免现金的滞留和损失，保障企业的正常运转。

6. 重视信息系统安全

中小企业应重视信息系统安全，防止财务信息被篡改、泄露或丢失。建立合理的信息系统安全制度，包括权限管理、数据备份和恢复、网络安全防护等，确保财务信息的机密性和完整性。

## 四、运用信息技术支持

运用信息技术支持是中小企业加强财务管理的重要途径之一。

### 1. 采用财务管理软件

中小企业可以选择适合自身需求的财务管理软件，用于财务数据的录入、分析和报告等工作。这些软件通常提供模块化的功能，包括会计核算、财务报告、成本控制、预算管理等，能够有效提高工作效率和准确性。财务管理软件可以帮助自动化数据处理和生成报表，减少人为错误和重复性工作，同时提供实时的财务信息和分析报告，为决策提供及时支持。

### 2. 利用互联网技术

中小企业可以利用互联网技术简化财务操作流程。例如，采用在线银行系统进行资金管理，实现快速、安全的资金划拨和支付。通过在线财务平台，可以实现财务数据的实时更新和共享，方便不同部门之间的协同工作。此外，云存储和备份技术可以确保财务数据的安全性和可靠性，防止数据丢失和损坏。

### 3. 电子支付和结算方式

中小企业可以采用电子支付和结算方式，例如电子转账、支付宝、微信支付等，简化财务操作流程，提高资金的流动效率和安全性。电子支付方式可以减少现金流转带来的风险，提高财务操作的便捷性和效率。

### 4. 数据分析和业务智能

信息技术支持可以帮助中小企业进行财务数据的分析和业务智能。通过数据分析工具和技术，可以从大量的财务数据中挖掘出有价值的信息，帮助管理者了解企业的财务状况和趋势，辅助决策制定和业务规划。此外，通过建立仪表盘和指标体系，可以实时监控关键财务指标，及时发现问题和机会，以便采取相应的措施。

## 五、培训和提升员工能力

在中小企业中，培训和提升员工的财务管理能力是非常重要的。以下是一些具体的方法和措施，可以帮助中小企业有效地培训和提升员工的财务管理能力。

1. 组织内部培训课程

中小企业可以组织内部培训课程，针对不同层级和岗位的员工提供财务管理培训。这些课程可以涵盖财务基础知识、财务报表分析、成本控制、预算编制等方面的内容。培训课程可以由企业内部的专业人员担任讲师，或者邀请外部专家进行讲解。

2. 邀请专业顾问

中小企业可以邀请专业顾问或咨询机构，针对企业的具体情况提供财务管理咨询和指导。顾问或咨询机构可以根据企业的需求，提供专业的财务管理建议和解决方案，并进行现场辅导和指导，帮助员工理解和应用财务管理原理和方法。

3. 与外部培训机构合作

中小企业可以与外部培训机构合作，参加它们提供的财务管理培训课程。外部培训机构通常拥有丰富的资源和专业的讲师团队，能够提供系统全面的财务管理培训。中小企业可以根据自身需求选择适合的培训课程，并安排员工参加。

4. 提供学习资源和工具

中小企业可以提供财务管理学习资源和工具，帮助员工自主学习和提升。这些资源可以包括财务管理书籍、在线课程、培训资料等。此外，企业还可以提供财务软件和工具，让员工实际操作和应用财务管理知识，加深理解和掌握。

5. 建立学习和分享平台

中小企业可以建立学习和分享平台，促进员工之间的学习和交流。可以组织财务管理讨论会或内部分享会，让员工分享财务管理经验和案例，互相学习和启发。这种学习和分享的平台可以促进团队合作和共同进步。

## 六、加强与外部机构的合作

1. 寻求专业机构的支持与指导

中小企业可以与专业的财务管理机构合作，例如会计事务所、咨询公司等。这些机构拥有丰富的财务管理经验和专业知识，可以为企业提供财务咨询、审计、税务规划等服务。与专业机构的合作可以帮助企业解决具体的财务管理问题，提供专业意见和建议。

2. 参与行业协会的活动

中小企业可以积极参与所在行业的协会活动。行业协会通常组织各类研讨会、培训课程和交流活动，涵盖财务管理领域的最新动态和实践经验。通过参与这些活动，企业可以与同行业的其他企业交流经验，了解行业的最佳实践和财务管理趋势，从而改进自身的财务管理策略和方法。

3. 与政府部门合作

中小企业可以与相关的政府部门合作，如财政部门、税务部门等。政府部门通常提供财务管理方面的政策指导和支持措施，例如财政补贴、税务培训等。中小企业可以积极了解并利用政府部门提供的财务管理政策和资源，以提升自身的财务管理水平和竞争力。

4. 参加财务管理培训和交流活动

中小企业可以参加财务管理培训和交流活动，如研讨会、研修班、论坛等。这些活动通常由专业机构、行业协会或政府部门组织，提供最新的财务管理理论和实践经验分享。通过参加这些活动，企业可以与专家学者、同行业从业者进行互动交流，拓宽视野，学习借鉴他人成功的经验和做法。

5. 关注财务管理领域的专业媒体和平台

中小企业可以关注财务管理领域的专业媒体、网站和社交平台。这些平台经常发布最新的财务管理资讯、案例分析和实用技巧，提供行业动态和趋势的报道。通过阅读和参与讨论，企业可以了解前沿的财务管理理念和实践，及时了解行业发展和政策变化，为企业的财务管理提供参考和指导。

　　通过加强科学管理和健全财务管理制度，中小企业能够更好地规范财务活动，提高财务管理水平，有效应对财务管理问题，并为企业的发展和创新创造良好的基础和条件。

# 第六章　中小企业财务管理创新策略

在全球化和数字化的浪潮下，中小企业财务管理面临着前所未有的挑战和机遇。随着竞争的激烈和环境的变化，财务管理也需要做出相应的改革创新以适应这些变化。本章将围绕中小企业财务管理的改革创新进行深入的探讨，期望找到能够引导中小企业在新的商业环境中实现财务目标的策略。

第一节将集中讨论企业资金与投资管理的改革创新，探索如何通过创新的方式优化资金管理和投资决策，从而提高企业的资本效率和收益。同时，我们也将分析新的财务工具和技术如何为中小企业的资金管理和投资决策带来改变。

第二节将聚焦于企业成本管理的改革创新策略，我们将研究在全球供应链和市场竞争的大环境下，如何通过新的成本管理策略和方法，提高企业管理的效率，降低成本，提高竞争力。

第三节我们将深入研究企业并购财务的改革创新实践。企业并购活动在企业发展中起着至关重要的作用，而财务管理在其中扮演了关键的角色。我们将关注新的并购策略如何影响企业的财务决策，以及财务管理如何帮助企业成功实施并购活动。

对于中小企业来说，财务管理的改革创新不仅是一个挑战，也是一个重要的机遇。通过深入了解这些变化，中小企业可以更好地适应新的环境，实现持续的发展。

# 第一节　企业资金与投资改革创新

企业资金与投资改革创新是中小企业财务管理中的重要内容。通过优化资金管理、改进投资决策、完善资本市场环境和创新投资模式，中小企业可以提高资金利用效率，降低融资成本，增强企业竞争力和发展潜力。

## 一、资金管理的改革创新

### （一）建立合理的资金计划和预测机制

建立合理的资金计划和预测机制对中小企业至关重要。这些企业需要仔细考虑资金的流入和流出，以确保资金的有效使用和运营。通过建立准确的资金预测机制，企业可以提前了解到未来的资金需求和现金流动态，从而采取相应的措施来应对可能出现的资金短缺或闲置问题。

在制订资金计划时，中小企业应该考虑到其经营周期的长度和季节性变化。不同行业的企业在不同时间段可能会面临不同的资金需求，例如季节性销售高峰期或采购需求增加的时期。因此，根据企业所处行业的特点，制订资金计划是非常必要的。

制定资金计划的目的是确保企业的资金充足，避免出现资金短缺的情况。一方面，如果企业无法及时获得足够的资金来满足经营需求，可能会导致无法支付供应商款项、无法满足员工薪资、无法购买必要的设备或原材料等问题。这些问题可能会严重影响企业的经营活动，甚至导致企业无法继续经营下去。

另一方面，如果企业的资金过多闲置，也会造成资源的浪费。资金闲置可能导致机会成本的损失，因为企业无法利用这些资金来投资或扩大业务。因此，中小企业需要合理规划资金的运作，以确保资金得到最大化的利用和回报。

建立合理的资金计划和预测机制还可以帮助企业更好地管理风险。通过对资金需求的准确预测，企业可以及时采取措施来规避潜在的风险和挑战。例如，如果预测到资金短缺的可能性，企业可以寻找额外的融资渠道或者延迟一些支出，以确保经营的顺利进行。

## （二）优化现金流管理

优化现金流管理对于中小企业来说至关重要。有效的现金流管理可以确保企业的资金运转顺畅，并合理利用现金资源。为了实现这一目标，中小企业需要采取一系列措施。

首先，加强对应收账款和应付账款的管理是必要的。中小企业应确保及时收取应收款项，并妥善处理逾期账款。同时，要加强与供应商的合作关系，确保及时支付应付款项，避免因拖欠账款导致的信誉问题。

其次，优化存货管理也是重要的一环。中小企业应合理评估市场需求，控制商品的进货和生产，避免过多的库存积压。及时处理滞销和过期存货，减少资金被困在库存中的风险。及时回收应收账款也是关键，中小企业应积极追收欠款，确保资金能够及时回流到企业。可以通过加强催收工作，与客户进行有效沟通，以及灵活制定付款条件等方式来实现这一目标。

除了以上措施，中小企业还应重视降低现金流风险。风险控制措施是必不可少的，可以采取合理的风险评估方法，识别和管理潜在的风险因素。此外，建立多元化的客户和供应商关系也能帮助企业分散风险，避免过度依赖某个客户或供应商。

灵活的现金流管理策略也是重要的一环。中小企业应根据实际情况，灵活调整资金运作方式，确保资金的流动性。可以通过优化资金结构，控制资金流入和流出的时机，以及合理利用短期融资工具等手段来实现这一目标。

### （三）提高资金利用效率

提高资金利用效率对于中小企业来说至关重要。通过积极提高资金的利用效率，企业能够降低资金成本并增加盈利能力。为了实现这一目标，中小企业需要采取一系列措施。

企业应该加强对内部资金的合理配置和利用。这意味着要对企业内部的各项资金进行有效的规划和管理，确保每一笔资金都能够得到充分利用。通过精确的资金预算和监控，企业可以避免资金的闲置和浪费，确保每一笔资金都能够为企业创造价值。

企业需要关注资金的时效性。资金的周转周期对于企业的经营非常重要，较长的周转周期会导致资金占用时间过长，增加企业的资金成本。因此，中小企业应该努力缩短资金的周转周期，使资金能够更快地流动起来，从而提高资金的利润率。

通过合理的资金利用，企业可以最大限度地提高经营效益并增强竞争力。有效地利用资金可以帮助企业提高生产效率，优化供应链管理，提升产品质量，以及加强市场推广等，这些因素将有助于企业实现更高的销售额和利润。

提高资金利用效率还可以为企业创造更多的投资机会。当企业的资金得到有效利用时，企业可以积累更多的资本，并有能力进行新的投资项目，将为企业带来更多的发展机会和增长空间。

### （四）制定合理的融资策略

合理的融资策略对于中小企业来说至关重要。当企业面临资金需求时，制定合理的融资策略可以帮助企业有效地获取所需的资金，并确保财务的稳定和发展。在确定融资策略时，企业需要考虑自身的实际情况，并根据不同的资金需求选择适合的融资方式和工具。

企业可以选择银行贷款作为融资方式之一。银行贷款是一种常见的融资方式，可以通过向银行借款来满足企业的资金需求。这种方式相对灵活，适用于短期和中期的资金周转，同时也可以根据企业的信用状况和还款能力来确定贷款额度和利率。

股权融资是另一种常见的融资方式。通过发行股票或吸引投资者购买公司股份，企业可以获得资金支持并引入新的股东。这种方式可以提供较大规模的融资，并且股东可以分享企业的风险和回报。然而，股权融资可能导致股权稀释和管理层权益变动，企业需要在考虑融资规模和股权结构时做出权衡。

债券融资是一种通过发行债券来筹集资金的方式。债券是企业向投资者发行的借款凭证，可以提供相对稳定的融资来源。企业可以根据自身的信用状况和债券市场的需求选择合适的债券类型和发行方式。债券融资可以用于长期投资或资本扩张项目，但企业需要承担债务偿还的责任和利息支出。

除了选择适合的融资方式，企业还应注重融资成本的控制。选择低成本的融资渠道可以降低企业的融资压力，并提高财务的可持续性。企业可以通过比较不同金融机构的贷款利率、债券收益率等来选择相对低成本的融资方式。

企业还应注意避免过度依赖短期高成本融资方式。过度依赖短期高成本融资可能会增加企业的财务风险，并增加还款压力。因此，企业应合理安排融资期限和利率结构，确保能够按时偿还借款并减少财务风险。

### （五）探索新的融资渠道和金融工具

中小企业在满足资金需求和拓宽融资渠道方面，应积极探索各种新的融资渠道和金融工具。这样做可以帮助它们获取所需的资金，并且在融资方面具备更多选择。其中一种方法是寻求政府扶持的创业投资基金以及风险投资基金的资助。这些基金通常由专业投资机构管理，并且它们不仅提供资金支持，还能为企业提供战略合作和指导。通过与这些机构建立合作关系，中小企业可以获得更多的资金来源，并在业务发展方面得到更多的支持。

中小企业还可以尝试利用互联网金融和众筹等新兴金融工具进行融资。互联网金融的出现使得企业能够通过在线平台直接与投资者联系，从而实现资金的快速募集。这种方式的优点是灵活性高，程序简化，有助于加快融资过程。

而众筹则是一种通过广泛的社会网络来筹集资金的方式。通过利用社交媒体和互联网平台，企业可以与广大公众分享它们的项目和创意，并争取人们的支持和资助。

通过资金管理的改革创新，中小企业可以更好地规划和管理资金，提高资金利用效率，降低融资成本，增强企业的资金实力和竞争力，将为企业的持续发展和创新创造更好的条件。

## 二、投资决策的改革创新

投资决策的改革创新对于中小企业的发展至关重要。

### （一）建立有效的投资评估和风险评估体系

建立有效的投资评估和风险评估体系对于中小企业在进行投资决策时非常重要。这样的体系可以帮助企业全面评估项目的可行性和潜在风险，从而更好地作出决策。

首先，建立投资评估指标和方法是这一体系的基础。企业可以根据自身的需求和行业特点，制定一套科学合理的评估指标和方法。这些指标和方法可以包括财务指标（如投资回报率、净现值、内部收益率等）和非财务指标（如市场需求、竞争分析、技术可行性等）。通过综合考虑这些指标，企业可以更全面地评估项目的潜在价值和可行性。

其次，收集和分析相关数据是投资评估和风险评估体系中的重要环节。企业可以通过市场调研、数据分析和信息收集等手段，获取与项目相关的数据，包括市场规模、竞争情况、消费者需求、行业趋势等信息。通过对这些数据的分析，企业可以更好地了解市场环境和潜在项目的风险和机会。

再次，进行财务分析也是投资评估体系中的一项关键工作。通过对项目的财务数据进行分析，企业可以评估项目的收益率、回收期、投资风险等指标。财务分析可以帮助企业判断项目的盈利能力、投资回报周期以及财务风险水平。

最后，市场研究也是投资评估体系中不可或缺的一部分。通过市场研究，企业可以了解市场需求、竞争状况、产品定位等信息。这些信息对于评估项目的市场前景和可行性至关重要。

### （二）制定明确的投资目标和策略

在中小企业进行投资决策时，制定明确的投资目标和策略是非常重要的。通过明确投资目标，企业能够将投资与其战略目标相结合，确保投资的方向和规模符合企业的整体发展需求。这意味着企业需要确定投资的规模、时间、地域等方面的目标，以便更好地规划和管理投资项目。

中小企业还需要明确投资的行业方向和发展重点。这意味着企业需要确定投资的行业领域，并明确投资的发展重点。通过明确行业方向和发展重点，企业能够更好地了解所投资行业的市场动态和趋势，并采取相应的投资策略。

除了明确投资目标外，制定明确的投资策略也是必要的。企业可以根据不同的投资目标和风险承受能力，选择不同的投资策略。例如，企业可以选择价值投资策略，即寻找被低估的投资机会，以获取长期的投资回报；可以采取成长投资策略，重点投资那些具有潜力和增长空间的企业或行业；可以进行风险投资，即投资高风险高回报的项目，以追求更大的投资收益。

通过制定明确的投资策略，企业可以确保其投资决策与企业的长期发展目标保持一致。这有助于避免盲目的投资行为，提高投资决策的准确性和效果。同时，明确的投资策略还可以为企业提供指导和框架，帮助企业更好地评估和管理投资项目，降低投资风险。

### （三）运用现代金融工具和技术进行投资组合管理

现代金融工具和技术为中小企业提供了投资组合管理的机会，帮助它们实现资金的最优配置和风险的有效分散。这种管理方法利用了投资组合理论和现代投资工具，如资产配置、投资组合优化模型和衍生品等。

资产配置是一种通过将资金分配到不同类型的资产中来实现最佳回报和风

险分散的方法。中小企业可以通过考虑不同资产类别的历史表现、预期回报率和风险水平，将资金分配到股票、债券、现金等不同的资产中，以最大程度地实现投资回报率并降低风险。

投资组合优化模型是一种利用数学和统计方法来确定最佳资产配置的工具。中小企业可以利用这些模型来分析不同资产之间的相关性、预期回报率和风险水平，以确定最佳的资产组合。通过优化投资组合，企业可以寻找到风险和回报之间的平衡点，从而实现更好的投资结果。

衍生品是另一种现代金融工具，可用于投资组合管理。衍生品包括期货、期权和交换等金融合约，它们的价值是从基础资产中衍生出来的。中小企业可以利用衍生品来管理投资组合的风险，例如通过购买期权来对冲股票价格的下跌风险。

### （四）注重创新和技术引领的投资方向

注重创新和技术引领的投资方向是一种战略选择，特别适用于中小企业希望提升自身竞争力和市场地位的情况。通过将资金和资源集中投入创新和技术引领的领域，企业可以迎接市场需求的变化，并在激烈的竞争环境中取得优势。

中小企业可以选择投资研发与创新项目。这意味着企业将资金用于开展新产品、新技术或新工艺的研发工作。通过不断创新，企业可以开发出更具竞争力的产品或服务，满足消费者不断变化的需求。研发投资可以涵盖多个方面，例如产品设计、工艺改进、材料研究等，以推动企业的创新能力和技术水平。

技术转型与升级也是一个重要的投资方向。随着科技的不断进步和市场的快速变化，中小企业需要不断跟进技术的发展，以确保自身的竞争地位。通过投资于技术转型和升级，企业可以更新现有的设备、系统和流程，提高生产效率和质量，降低成本，从而增强企业的竞争力。

数字化转型也是中小企业值得关注的投资方向。随着数字化技术的普及和应用，企业可以通过数字化转型来提高业务流程的效率和灵活性。投资于数字化技术和系统可以使企业实现信息的快速获取和处理,优化供应链管理,增强与客户的互动和沟通,提升企业的运营效果和客户满意度。

## (五)积极寻求合作与联合投资

积极寻求合作与联合投资是一种有效的策略,可帮助中小企业实现优质投资并取得成功。通过与其他企业、风险投资机构、政府机构等建立合作伙伴关系,中小企业能够共享资源、降低投资风险、扩大市场影响力,并提高项目的成功率。

合作与联合投资为中小企业带来了多项好处。首先,合作可以共享资源。中小企业往往面临资源有限的挑战,而与其他企业合作可以共同利用彼此的资源,包括技术、资金、设备、专业知识等。通过共享资源,中小企业可以提高自身的竞争力,拓展业务范围,进一步发展壮大。

其次,合作与联合投资有助于降低投资风险。投资项目本身存在一定的风险,特别是对于中小企业而言,承担风险可能过于庞大。然而,通过与其他合作伙伴共同投资,风险可以得到分摊和分散,减轻了中小企业单独承担的风险压力。这种风险共担的方式使得中小企业更加安全地进行投资,避免了可能的巨大损失。

再次,合作与联合投资还可以扩大中小企业的市场影响力。通过与其他企业合作,中小企业能够共同开拓新市场、拓展客户群体,增加市场份额。合作伙伴的专业经验和市场渠道可以为中小企业提供更多机会,使其在竞争激烈的市场环境中占据有利地位。借助合作伙伴的品牌声誉和影响力,中小企业还能够提高自身在消费者心目中的形象和认可度。

最后,合作与联合投资有助于提高中小企业项目的成功率。通过与合作伙伴共同进行投资,中小企业可以获得更多的专业支持和经验指导。合作伙伴可能具备行业内的丰富经验,操作过成功案例,能够为中小企业提供有价值的建议和指导,帮助其避免一些常见的错误和风险。这种合作方式提高了项目的执行能力和成功概率,为中小企业创造了更好的发展机会。

通过以上投资决策改革创新措施，中小企业可以更科学、合理地进行投资决策，减少投资风险，提高投资回报率，实现企业的可持续发展。此外，中小企业还可以通过与专业的金融机构和咨询公司合作，获取投资决策方面的专业支持和建议，提升投资决策的质量和效果。

## 三、资本市场的改革创新

资本市场的改革创新对于中小企业的发展至关重要。

### （一）改革创新证券发行和上市制度

当前，中小企业在融资方面常常面临着证券发行和上市的困难。要解决这一问题，改革创新证券发行和上市制度至关重要，而其关键在于简化发行和上市程序，降低中小企业的上市门槛和成本。

改进发行和上市的审核机制是必不可少的。目前的审批程序烦琐而耗时，对于中小企业来说，这意味着更大的成本和时间压力。因此，可以通过简化审核流程和减少烦琐的手续来提高审核的效率。这将为中小企业提供更便捷的融资途径，使它们能够更快地完成发行和上市的过程。

改革创新还应该注重降低中小企业的上市门槛。当前，中小企业往往面临着资金、技术和管理等方面的限制，这导致了它们很难满足传统上市的条件。因此，应该通过改革制度和政策，降低中小企业的上市门槛，使更多符合条件的中小企业能够进入资本市场，实现融资和发展的机会。

改革创新还需要关注中小企业的融资成本。当前，中小企业的融资成本较高，这主要是由于发行和上市的程序烦琐、审核周期长等原因造成的。因此，通过改革创新，可以进一步降低中小企业的融资成本，例如减少发行费用、简化融资流程等，从而提升中小企业融资的吸引力。

## （二）推动多层次资本市场的发展

推动多层次资本市场的发展是为了满足中小企业的融资需求，并且资本市场需要不断努力来建设和完善这样的多层次资本市场。多层次资本市场的建设旨在提供不同层次的融资平台，以满足中小企业在不同发展阶段的融资需求。

创业板和中小板等创新企业板块是多层次资本市场的重要组成部分。这些板块专门为成长性较高的中小企业提供更加灵活和适应性强的融资机会。中小企业在创业和发展初期通常面临着资金紧张、融资难等问题，而创业板和中小板的设立为这些企业提供了一个有利的融资环境。

通过在多层次资本市场中设立创业板和中小板，中小企业可以更容易地获得资本市场的支持和融资渠道。这些板块通常具有相对较低的上市门槛和灵活的融资规则，使得中小企业能够更便捷地实现资本运作和发展目标。此外，多层次资本市场的发展还有助于提高中小企业的知名度和形象，增强其在市场竞争中的竞争力。

多层次资本市场的发展也促进了金融资源的优化配置。通过引入不同层次的资本市场，投资者可以选择更适合自己风险偏好和投资需求的项目和企业。这种多元化的投资选择有助于提高市场的效率，并促进资源的有效配置和流动。

## （三）建立和完善中小企业融资渠道

建立和完善中小企业股权融资、债券融资和私募股权投资等融资渠道对于改革创新至关重要。传统的证券市场融资已经无法满足中小企业的多样化融资需求，因此需要积极推动其他形式的融资渠道。

中小企业可以通过发行股权融资工具吸引社会资本的投资。这种方式可以让中小企业与投资者建立股权关系，从而吸引外部资金的注入。通过股权融资，中小企业能够获得更多的资金支持，用于企业的扩张和发展。同时，股权融资也可以让投资者分享中小企业的成长和回报，形成利益共享的机制。

债券融资是另一种重要的融资方式，可以为中小企业提供长期稳定的融资来源。中小企业可以通过发行债券向投资者借款，以获得所需的资金。相比于股权融资，债券融资更注重借款方的信用状况和偿债能力。债券融资可以提供给中小企业更加灵活的融资方式，同时还能够满足投资者对于稳定回报的需求。

私募股权投资是一种与专业投资机构合作的方式，为中小企业提供资金和战略支持。私募股权投资机构通过对中小企业进行投资，不仅提供资金支持，还可以提供战略指导、市场拓展等方面的帮助。这种投资方式能够帮助中小企业实现快速发展和壮大，并提高其竞争力。

## （四）引导社会资本进入中小企业

引导社会资本进入中小企业是一项旨在促进中小企业融资能力提升的改革创新目标。为实现这一目标，需要采取一系列措施。首先，政府可以通过制定相关政策和法规来吸引更多的社会资本进入中小企业领域。这些政策和法规包括降低中小企业的税收负担，提供财政激励措施，以及简化中小企业融资程序等。

为了增加中小企业的吸引力，可以鼓励投资者积极投资于这些企业。通过提供激励机制，如税收减免或奖励措施来吸引投资者。同时，政府可以组织投资者与中小企业之间的交流活动，促进彼此的了解和合作。

提高中小企业的信息披露和透明度也是吸引社会资本的关键因素。投资者需要了解中小企业的运营状况、财务状况以及未来发展前景，才能作出明智的投资决策。因此，政府可以加强对中小企业的监管，推动它们加强信息披露和透明度，以增加投资者对中小企业的信心。

为了建立良好的合作平台，政府可以促进中小企业与投资者之间的联系和交流。这可以通过组织投资者与中小企业的合作洽谈会、商务展览等活动来实现。同时，政府还可以设立中介机构或平台，为中小企业和投资者提供专业的咨询和对接服务，帮助它们建立起有效的合作关系。

总之，资本市场的改革创新是为中小企业提供更多融资机会和便利条件的重要举措。通过改革创新证券发行和上市制度、推动多层次资本市场的发展、建立和完善多元化的融资渠道以及引导社会资本进入中小企业，可以有效提升中小企业的融资能力，促进其快速、健康发展。这将为中小企业提供更多发展机遇，推动经济增长和创新创业的活力。

## 四、创新投资模式和方式

创新投资模式和方式是中小企业在改善资金与投资管理方面的重要手段。

### （一）风险投资

风险投资是一种金融活动，旨在投资于具有较高风险但潜在高回报的创业项目或企业。对于中小企业来说，风险投资是一种至关重要的资金来源。相比传统融资方式，风险投资能够为创业企业提供更大的资金支持，帮助它们实现快速的扩张和创新。

中小企业通常面临着资金不足的问题，特别是在创业初期或需要大规模资金进行扩张时。而风险投资者的介入为这些企业提供了一个重要的融资途径。风险投资者愿意承担相对较高的风险，以换取投资项目成功时的丰厚回报。他们可能会对企业进行全面的尽职调查，评估企业的潜力和可行性，并根据自己的投资策略和风险偏好，决定是否投资。

除了资金支持外，风险投资者还能够为中小企业带来更多的价值。他们通常具有丰富的投资经验和商业洞察力，在企业发展过程中可以提供有价值的指导和建议。他们的专业知识和行业网络可以帮助企业获取更多资源和商机，并与其他关键利益相关者建立战略合作关系。此外，风险投资者还可以为企业开拓市场提供支持，帮助其拓展业务并实现增长。

风险投资对于创新也起到了重要的推动作用。创业项目往往涉及新的商业模式、技术或产品，而这些创新往往需要大量的资金支持和市场验证。风险投资者的介入为这些创新提供了必要的资金和资源，帮助企业验证商业模式的可行性，推动技术的发展和产品的改进。通过风险投资的支持，创新企业能够更快地将创意变成现实，并在市场上取得竞争优势。

## （二）天使投资

天使投资是一种旨在发现具有潜力的初创企业并为其提供资金和资源支持的投资形式。通常情况下，天使投资者是经验丰富且资源雄厚的个人投资者或投资机构。中小型企业可以通过吸引天使投资者的兴趣和投资，获得资金和智力资源的双重支持。天使投资者不仅仅提供资金方面的援助，还能够在战略指导、业务经验和市场渠道等方面提供帮助，帮助中小企业在初创阶段实现发展和扩张。

天使投资对于初创企业来说具有重要意义。在企业刚刚起步的阶段，往往面临资金短缺和资源不足的困境。天使投资者的资金注入可以帮助企业解决资金压力，并提供战略性的资源支持。这些投资者通常具备丰富的行业经验和商业见解，可以向创业者提供宝贵的指导和建议。他们拥有广泛的人脉和行业关系，可以帮助企业开拓市场、建立合作伙伴关系，并提供市场渠道方面的支持。

天使投资的另一个重要优势是，它可以为创业者提供更灵活和迅速的资金来源。与传统的融资途径相比，天使投资更加便捷和高效。天使投资者通常可以更快地作出投资决策，并且对于初创企业来说，他们的投资额度相对较小，因此更容易获得。这使得创业者能够更快地获取所需的资金，推动企业的发展和成长。

通过天使投资，创业者还可以获得更多的行业认可和信任。天使投资者通常会对项目进行严格的尽职调查，只选择有潜力和可行性的企业进行投资。因此，一旦获得天使投资，企业就能够获得来自投资者的认可，这在后续的融资和合作中具有积极的影响。

与此同时，天使投资也存在一些挑战和风险。天使投资者在早期阶段对企业进行投资，风险相对较高，因为企业的发展前景和市场表现都尚不确定。投资者需要进行仔细的尽职调查，并评估企业的潜力和项目的可行性。此外，由于天使投资者通常是个人投资者，他们的投资决策可能受到个人喜好和情感因素的影响，这可能导致投资决策的主观性。

### （三）股权众筹

股权众筹是一种新兴的融资方式，利用互联网平台进行操作。它为中小企业提供了一个机会，通过向大量投资者销售股权来获得资金支持。中小企业往往面临着融资的难题，因为传统融资渠道常常对它们不够开放或难以达到。股权众筹的出现打破了这种限制，为中小企业提供了一个开放、灵活且可行的融资途径。

股权众筹的基本原理是，中小企业在专门的股权众筹平台上发布自己的项目，并向投资者提供购买股权的机会。投资者可以通过向项目投资资金来购买相应比例的股权份额。这种方式既能满足投资者的投资需求，也能帮助中小企业筹集所需的资金。中小企业通过股权众筹不仅可以获得资金支持，还能够建立起与投资者之间的紧密联系。

股权众筹的优势之一是它能够吸引大量的投资者参与其中。通过互联网平台，中小企业可以将自己的项目展示给全球范围内的潜在投资者，扩大了融资的渠道和范围。这样的广泛参与有助于提高项目的知名度和曝光度，进而增加成功融资的机会。

股权众筹还能够促进中小企业与投资者之间的互动和交流。通过股权众筹平台，中小企业可以与投资者分享项目的最新进展和业务发展计划，建立起沟通和合作的桥梁。投资者们也可以通过平台了解企业的运营情况，并积极参与投资项目的决策过程。这种紧密的联系和互动有助于建立一种长期的合作关系，培养用户群体和品牌忠诚度。

对于投资者而言，股权众筹提供了多样化的投资选择，可以参与到各种不同类型的项目中去。然而，股权众筹也存在一些挑战和风险，需要合理的监管和规范来保护投资者的权益。

### （四）产学研合作和创新联盟

产学研合作和创新联盟是中小企业在面对日益激烈的市场竞争中，寻求发展和提高竞争力的一种重要途径。中小企业可以积极主动地与高校、科研机构和其他企业建立合作关系，以实现互利共赢的目标。

通过与学术界和科研机构的合作，中小企业能够获得专业的技术支持和研发资源。学术界通常拥有丰富的研究经验和专业知识，它们可以为中小企业提供技术咨询、解决方案和创新思路。科研机构则拥有先进的研发设施和实验室，中小企业可以借助这些资源进行产品开发和技术创新。通过与学术界和科研机构的紧密合作，中小企业能够提升自身的研发能力，加快产品研发周期，推出更具竞争力的产品。

中小企业还可以与其他企业建立创新联盟，共同开展合作项目。通过联合资源和优势，中小企业能够实现资源共享，降低开发成本。创新联盟可以汇集多方的专业知识和技术能力，共同攻克技术难题，推动创新成果的产生。同时，联盟成员之间还可以共同开发市场，共享渠道和客户资源，从而扩大市场份额，提高中小企业的竞争力。

通过产学研合作和创新联盟，中小企业能够借助外部力量和资源，弥补自身的不足。与学术界、科研机构和其他企业的合作可以为中小企业带来新的想法和创新，促进技术进步和产品升级。同时，这种合作还有助于拓展中小企业的市场渠道和客户群体，提高企业的市场竞争力和市场份额。

通过创新投资模式和方式，中小企业可以充分利用社会资本的智力和资源优势，获得更多的资金支持和战略合作，推动企业的创新与发展。这些创新投资方式不仅提供了资金，还带来了经验、网络和战略资源的支持，帮助中小企业实现技术创新、市场扩张和持续成长。因此，中小企业应积极探索和应用创新投资模式和方式，以提升企业的竞争力和创新能力，实现可持续发展。

# 第二节　企业成本管理创新

企业成本管理是中小企业财务管理中的重要环节。传统的成本管理方法在面对日益激烈的市场竞争和经济环境变化时可能面临一些挑战和局限。因此，需要进行成本管理的改革创新来适应新的经营环境。

## 一、整体成本管理

传统的成本管理方法常常以直接成本和间接成本为基础进行分类和核算，但这种分类方式往往不能全面反映企业的实际成本结构和分布。改革创新的方式是采用整体成本管理的方法，将成本从多个维度进行分类和分析，以更全面、准确地了解各项成本的来源和分布情况。

一种常见的整体成本管理方法是按产品线进行成本分类。中小企业通常生产多种产品或提供多项服务，每个产品或服务都可能具有不同的成本结构和利润贡献度。通过将成本按照产品线进行分类，企业可以更清晰地了解每个产品线的成本构成，从而针对性地制定定价策略、成本控制措施以及资源分配策略。

另一个重要的分类维度是按客户进行成本管理，不同客户可能对企业的成本和利润贡献度有所差异。因此，通过将成本与客户相关联，企业可以更好地了解每个客户的成本负担和价值，从而更精确地制定营销策略、客户定价和服务方案。

流程成本也是整体成本管理中的关键要素。流程成本管理关注的是企业的各项业务流程，从采购、生产到销售和售后服务等各个环节。通过对各个流程的成本进行分类和分析，企业可以发现潜在的效率问题和成本浪费，以及改进的机会。通过优化流程，企业可以降低运营成本、提高工作效率，进而增强竞争力。

整体成本管理的改革创新不仅关注成本的分类，还强调成本与价值的关联。通过将成本与各项价值活动相关联，企业可以更准确地了解哪些活动带来了最高的成本效益，哪些活动可能需要进行优化和调整。这种基于价值的整体成本管理方法可以帮助企业实现成本控制、效益最大化以及资源的优化配置。

## 二、活动成本管理

活动成本管理是一种基于活动的成本核算和管理方法，它强调将成本与企业内部的活动相联系，以更准确地确定成本的驱动因素和成本发生的原因。通过活动成本管理，企业能够更好地理解和掌握成本的本质，从而实现成本的控制和优化。

在活动成本管理中，首先需要对企业内部的各项活动进行准确的定义和划分。活动可以是生产过程中的各个环节，例如采购、生产、销售等，也可以是企业管理和支持的各项活动，如人力资源管理、质量管理等。通过对活动的界定，可以将成本与具体的活动相关联，实现对成本的分析和控制。

一项活动的成本由多个成本对象共同支持，例如材料成本、人工成本、能源成本等。活动成本管理将这些成本对象与活动相关联，通过成本分配和归集，可以确定各项活动的成本支出。这样，企业可以清晰地了解每个活动的成本构成，找出成本较高的环节，为成本降低提供依据。

活动成本管理的另一个重要概念是成本驱动因素。每个活动都有其驱动因素，即影响该活动成本的关键因素。例如，生产活动的驱动因素可能是产量或产品种类，而销售活动的驱动因素可能是销售数量或销售渠道。通过对活动的驱动因素进行分析和评估，企业可以更好地理解成本的变动和波动，并针对性地采取措施进行成本控制和优化。

活动成本管理的核心目标是发现成本降低的潜力和改进空间。通过对活动的详细分析，企业可以确定哪些活动造成了成本的浪费和冗余，进而寻找优化的方法和机会。例如，通过重新设计生产流程、优化供应链管理或改进销售渠道，企业可以降低不必要的成本支出，提高资源的利用效率，从而增强竞争力。

活动成本管理还能够为企业提供更准确的成本信息，支持决策和绩效评估。通过活动成本管理，企业可以追踪和分析各项活动的成本和效益，为管理者提供更准确的成本信息，帮助其作出合理的决策和制定有效的经营策略。同时，活动成本管理也可以作为绩效评估的基础，通过对活动的成本效益进行评估，从而激励和引导员工的工作和行为。

## 三、精细化成本管理

精细化成本管理是一种注重细节、针对成本的各个组成部分进行精确管理和控制的方法。

### （一）精确记录成本数据

精确记录成本数据是实施精细化成本管理的首要步骤。这意味着对各项成本进行详细的分类和归纳，确保每一笔成本都能被准确地追踪和记录。通过将成本分为不同的子类别，如原材料成本、人工成本、运输成本等，可以获得更全面的成本信息。

将成本进行细分有助于深入了解企业的经济活动，并更好地理解成本结构和成本驱动因素。例如，将原材料成本进一步细分为不同类型的材料，可以清楚地了解每种材料对总成本的贡献程度。这样的细分使得管理者能够更好地识别成本节约的机会和潜在的浪费，从而采取相应的措施。

精确记录成本数据还有助于制定准确的预算和预测。通过对成本进行详细分类和记录，企业可以更好地了解每个成本项目的变化趋势和影响因素。这为制定准确的预算和预测提供了可靠的基础，使企业能够更好地规划和决策。

精确记录成本数据也为成本控制和效益评估提供了依据。通过对成本进行准确追踪，企业可以及时发现成本超支或潜在的成本问题，并采取相应的措施进行调整。同时，精确的成本记录还为评估经营活动的效益提供了数据支持，帮助企业确定哪些活动或项目具有较高的效益，以便加以强化或调整。

## （二）分析成本结构和变化

成本结构和变化的分析是一种通过精确记录的成本数据来深入研究的方法。这种分析有助于了解成本的构成以及它们的变化情况。它可以揭示不同成本项目之间的关系和比重，帮助管理者更好地理解企业的成本构成。

通过对成本结构的分析，管理者可以获得有关成本的详细信息，以确定成本的主要驱动因素。例如，他们可以了解到哪些成本项目占据了最大的比重，以及这些成本项目在不同时间段内的变化情况。这样的了解使管理者能够有针对性地制定成本控制策略。

比较和评估成本的不同组成部分也是分析成本结构和变化的重要方面。通过比较不同成本项目之间的差异，管理者可以发现一些潜在的问题或机会。他们可以识别出造成成本上升或下降的因素，并采取相应的行动。例如，如果某个成本项目的比重显著增加，管理者可能会考虑调整相关业务流程或寻找替代方案来降低成本。

分析成本结构和变化还可以帮助管理者了解成本的趋势和模式。通过观察成本在不同时间段内的变化，他们可以预测未来的成本走势，并作出相应的预算和规划决策。例如，如果成本结构显示某些成本项目呈现不断增长的趋势，管理者可能会考虑调整预算分配或探索新的成本节约措施。

通过对成本结构和变化进行深入分析，管理者可以更好地了解企业的成本构成，确定成本的主要驱动因素，并有针对性地制定成本控制策略。这种分析可以揭示成本的趋势、模式和关系，帮助管理者作出正确的决策，并提供指导来优化企业的成本管理。

### （三）发现成本异常和浪费

精细化成本管理是一种管理方法，可以帮助企业发现成本异常和浪费的问题。通过对成本数据进行详细的分析和研究，管理者能够深入了解成本的组成和变化，并发现其中的异常情况。举例来说，管理者可以发现某项成本超出预期，或者某项成本在持续上升，这些都可能引发成本管理的关注和进一步的调查。

精细化成本管理还能够帮助企业识别和消除成本中的浪费。浪费是指在组织运营中产生的不必要的成本，其存在会导致资源的浪费和效率的降低。通过精确的库存管理，企业可以减少存货滞销或过量采购带来的成本浪费。例如，通过分析销售数据和需求趋势，管理者可以更好地控制库存水平，避免过多或过少的存货，从而减少库存积压或缺货造成的成本浪费。

### （四）控制成本细节和变动

控制成本的精细化管理是一种注重对成本的细节和变动进行控制的方法。通过对成本数据的分析和观察，管理者可以更加深入地了解成本的波动原因，并制定相应的控制措施。这种精细化管理的目标是降低成本，提高企业的盈利能力。

通过对成本数据的变化趋势进行分析，管理者可以发现成本的波动情况。他们可以观察到成本是否在持续上升，或者是否存在突发的成本增加。这些观察可以帮助管理者更好地理解成本波动的原因，从而采取相应的措施来控制成本。

例如，如果某项成本持续上升，管理者可以开始寻找替代供应商。通过与不同供应商的比较，他们可以找到价格更为合适的供应商，并与其建立合作关系，从而降低成本。此外，管理者还可以考虑优化生产流程，以减少成本。通过对生产流程的审查和改进，他们可以找到更加高效和经济的方式来完成任务，从而降低相关的成本支出。

精细化成本管理还可以帮助管理者更好地了解不同成本项目的变动情况。他们可以对每个成本项目进行细致的分析，了解每个项目对总成本的贡献程度，以及其变动的原因。通过这种了解，管理者可以更加精确地确定需要采取的控制措施，以便对成本进行有效的管理。

### （五）制定目标成本和绩效评估

制定目标成本是精细化成本管理的重要环节之一。在制定目标成本时，管理者需要考虑成本结构和业务目标两个方面。成本结构指的是企业在运营过程中所涉及的各种成本，包括直接成本、间接成本、固定成本、可变成本等。业务目标则是企业在特定时期内所希望实现的预期业绩和利润目标。

通过设定合理的目标成本，管理者能够对企业的成本控制和预算进行明确的规划。目标成本的设定应当综合考虑企业的财务状况、市场竞争情况、产品定位和消费者需求等因素。合理的目标成本可以帮助企业合理配置资源，降低成本开支，提高企业的经济效益。

绩效评估是对成本管理效果和绩效进行监控和评估的过程。通过对实际成本和目标成本之间的差距进行监测和比较，管理者可以了解成本管理的实际效果，并及时采取必要的措施进行调整和改进。绩效评估可以通过财务指标、成本效益分析、绩效报告等方式进行，以便更全面地了解企业的成本控制情况和绩效水平。

绩效评估的结果对于企业的持续改进和提高成本效益至关重要。通过对绩效评估结果的分析和总结，管理者可以发现存在的问题和不足，并采取相应的措施进行改进。持续改进成本管理可以帮助企业降低成本，提高效率，增强企业的竞争力。

综上所述，精细化成本管理通过精确记录成本数据、分析成本结构和变化、发现异常和浪费、控制成本细节和变动，以及制定目标成本和绩效评估等方式，帮助中小企业更准确地了解和管理成本。这种方法有助于提高成本管理的效率和效果，优化资源利用，降低成本，从而增强企业的竞争力和可持续发展能力。

## 四、技术化成本管理

技术化成本管理是指利用信息技术和相关软件系统来改善企业成本管理的过程和效果，包括以下四个方面。

### （一）成本管理软件和系统

成本管理软件和系统是一种帮助企业进行成本管理活动的工具。这些软件和系统提供了一系列功能，使企业能够实时监控和分析成本数据，以更好地了解成本结构和变化趋势。通过自动化的成本核算和报告功能，管理者能够快速准确地获取成本信息，并根据这些信息作出相应的决策和控制措施。

使用成本管理软件和系统的优点之一是能够实现成本数据的实时监控。企业可以通过这些工具随时查看成本数据，了解各个方面的开支情况。这使得管理者能够更好地掌握企业的财务状况，并及时采取必要的行动。此外，这些软件和系统还能够提供成本分析功能，帮助管理者深入了解成本结构，找出可能存在的问题和浪费，并采取相应的改进措施。

成本管理软件和系统的另一个重要功能是自动化的成本核算和报告。传统的成本核算往往需要大量的人工操作和数据整理工作，容易出现错误和延迟。而成本管理软件和系统能够自动化这些过程，减少人工干预，提高核算的准确性和效率。管理者只需简单设置相关参数，系统就能够自动生成成本报告和分析结果，大大节省时间和精力。

成本管理软件和系统还具有与其他业务系统集成的能力。这意味着成本数据可以与企业的其他系统进行共享和协同。例如，成本数据可以与采购系统进行集成，实现采购成本的实时监控和分析；成本数据还可以与生产系统集成，实现生产成本的精确核算和管理。这种集成能力可以提高企业整体的管理效率，减少数据传递和处理的时间和错误。

## （二）自动化成本核算和报告

自动化成本核算和报告是技术化成本管理的一个重要特点。传统的手工核算和报告方式存在许多问题，例如数据错误和延误等。然而，通过成本管理软件和系统，企业可以实现自动化的成本数据采集、处理和呈现，从而解决这些问题。

自动化成本核算和报告的一个显著优势是减少人为错误的发生。在手工核算和报告过程中，人们往往容易犯错，例如将数据录入错误或计算错误等。而自动化系统可以通过预先设定的算法和规则自动进行数据处理和计算，大大降低了人为错误的可能性，提高了核算的准确性和可靠性。

自动化的报告功能也是自动化成本核算和报告的重要组成部分。这些系统可以根据预设的要求和指标生成各类成本报表和分析报告。通过这些报告，管理者可以直观地了解企业的成本情况，并进行决策和管理。这些报告可以提供清晰的成本信息，帮助管理者追踪和分析成本的变化趋势，从而制定相应的策略和措施。

## （三）大数据分析和挖掘

大数据分析和挖掘是一种技术化的成本管理方法，通过利用大数据分析的技术手段，可以挖掘成本管理中潜在的价值和优化机会。这种方法的基本思路是收集和整理大量的成本数据，然后利用数据分析工具和算法对这些数据进行分析，以揭示其中隐藏的成本趋势、模式和关联性。

通过大数据分析，我们可以深入了解成本管理中存在的瓶颈和改进空间。通过对大量数据进行分析，我们可以发现一些以往未曾注意到的成本异常和浪费现象。例如，我们可以通过分析数据找出造成成本异常的原因，并提出相应的改进措施。另外，通过对大数据进行深入挖掘，我们还可以发现一些潜在的效率提升机会。比如，我们可以通过分析数据来了解生产流程中的瓶颈，找出资源配置上的不合理之处，并提供相应的优化建议。

通过大数据分析和挖掘，企业可以更加有效地优化成本结构，降低成本，并提高生产效率。这种方法的优势在于其能够基于大量的数据进行深入分析，揭示出潜在的成本管理问题和优化机会，为企业提供了有效的策略和措施。通过运用大数据分析技术，企业可以更好地理解成本管理的现状和潜在风险，从而作出有针对性的改进和调整。

### （四）实时成本监控和预测

实时成本监控和预测是通过技术化成本管理实现的一种方法。这种方法利用成本管理软件和系统，通过与企业的生产设备和财务系统进行连接，实时获取生产过程中的成本数据。这样一来，企业可以及时了解成本的变化情况，发现成本异常和风险，并及时采取措施进行调整和控制。

技术化成本管理通过数据接口和传感器等方式，能够收集到实时的成本数据。这些数据可以包括原材料的价格、人力成本、能源消耗等与生产相关的各个方面。通过实时监控这些成本数据，企业能够掌握到当前的成本状况，了解成本是否偏离了预期范围，以及可能存在的成本风险。这有助于企业及时调整生产过程，降低成本并确保盈利。

技术化成本管理还可以利用历史数据和模型进行成本的预测和模拟分析。通过分析过去的成本数据和相关的因素，可以建立成本模型，预测未来的成本趋势。这样，企业可以在制定预算和计划时参考这些预测结果，作出更加准确的决策。预测成本的变化有助于企业提前做好准备，调整经营策略，以应对可能的成本增加或减少。

总之，技术化成本管理通过利用成本管理软件、自动化成本核算和报告、大数据分析和挖掘以及实时成本监控和预测等技术手段，能够提高成本管理的效率、准确性和洞察力。这种改革创新的方式使企业能够更好地了解和控制成本，发现成本管理的潜在机会和优化空间，从而提高企业的竞争力和经营绩效。

综上所述，企业成本管理的改革创新包括整体成本管理、活动成本管理、精细化成本管理和技术化成本管理等方面。这些创新方法能够帮助中小企业更好地理解和管理成本，提高资源利用效率，增强竞争力，并为企业的可持续发展打下坚实基础。

# 第三节　企业并购财务创新

　　企业并购是一种常见的扩张策略，通过合并、收购其他企业来实现规模的扩大和市场份额的增加。在并购过程中，财务管理起着关键的作用。

## 一、资金管理改革创新

### （一）探索新的融资渠道

　　在企业进行并购过程中，资金的筹集是一个关键的问题。除了传统的融资方式，探索新的融资渠道可以提供更多的选择和机会。一种可行的方法是发行债券。通过发行债券，企业可以向债券持有人借款，并承诺在一定期限内支付利息和偿还本金。这种方式可以吸引那些对企业前景有信心的投资者，并为企业提供额外的资金来支持并购活动。

　　另一种融资渠道是吸引风险投资。风险投资是指向有潜力的高成长企业提供资金和资源的投资方式。通过吸引风险投资，企业可以获得来自专业投资者的资金支持，并从他们的经验和网络中获益。风险投资通常会要求一定的股权份额，但这也为企业提供了发展和扩张的机会。

　　寻找合作伙伴共同投资也是一种可行的融资方式。企业可以寻找与其业务相关或有共同利益的合作伙伴，共同投资并购项目。通过与合作伙伴的合作，企业可以分享风险和责任，并且可以利用各自的资源和专长来实现更大的成功。这种合作模式可以为企业带来更多的资金来源，并且可以扩大企业的影响力和市场份额。

## （二）优化资金结构

并购后的企业需要对多个实体的资金结构进行整合和优化，以合理配置资金资源。这项任务需要进行改革和创新，以实现资本结构的优化。优化资金结构的方法包括清理无效资金、降低资本成本以及调整债务结构等。

清理无效资金是一项重要的步骤。在并购后，可能存在重复、冗余或无效的资金存量，这些资金可能无法充分发挥作用或产生预期的收益。通过清理这些无效资金，企业可以降低资金的闲置程度，并将其重新分配到更有利可图的项目或领域中。

降低资本成本也是资金结构优化的一个关键目标。并购通常伴随着大量的资本投入，包括股权融资和债务融资等。企业可以通过谨慎评估并优化资本结构，降低融资成本和财务费用的支出。这可以通过调整债务和股权的比例、减少高成本负债的使用以及利用更有利可图的融资工具等方式实现。

调整债务结构也是资金结构优化的一项重要工作。并购后的企业可能面临大量的债务，其中一些可能并不适合新的业务需求或财务目标。通过审视和调整债务结构，企业可以减轻财务负担，提高还款能力，并确保债务与企业运营的长期可持续性相匹配。

## （三）建立资金流动性管理机制

并购后的企业面临着日益复杂的资金流动性管理挑战。资金流动性管理是指企业在运作过程中，通过科学的手段和方法对资金的流入、流出和运用进行合理管理和控制，以确保企业的资金需求得到满足，保持良好的资金状况。为了更好地管理并控制资金流动性风险，企业可以采取一系列改革创新的资金流动性管理机制。

建立有效的现金流预测和监控体系是资金流动性管理的重要环节之一。企业可以通过分析过往的财务数据和市场情况，准确预测未来的现金流动态，以便及时采取相应的措施应对资金缺口或盈余。监控现金流的变化情况也能帮助企业及时察觉异常情况并做出相应调整，确保资金的稳定流动。

加强与供应商和客户的资金协调与管理也是一项关键举措。企业可以与供应商建立良好的合作关系，协商延长付款期限或优化采购流程，以减少资金压力。与客户方面，可以积极沟通并协商付款方式和周期，以保障企业的资金流入。通过与供应商和客户的有效协调与管理，企业能够更好地掌握资金流动的节奏和规律，提升资金利用效率。

优化应收账款和应付账款的管理也是资金流动性管理的重要方面。企业可以通过优化信用政策、加强账款催收工作、建立严格的账款核对机制等方式，加快应收账款的回收速度，提高资金周转率。同时，对于应付账款的管理，企业可以合理安排付款周期和金额，确保按时支付，避免因延迟付款而产生的罚息或信用损失，维护供应商的信任。

通过建立资金流动性管理机制，企业能够更好地应对并购后的资金需求，确保正常的运营和发展。这样的机制可以帮助企业合理规划资金运用，提前预判和应对资金流动的风险，避免资金链断裂或过度闲置的情况发生。有效的资金流动性管理能够为企业提供稳定的资金支持，增强企业的抗风险能力，促进企业的可持续发展。

## （四）加强风险管理与监控

在并购过程中，资金管理是一个至关重要的方面，需要特别关注风险管理和监控。

企业可以进行风险管理机制的改革创新。包括建立一套完善的风险评估和监控体系，以便及时发现和评估各种与资金管理相关的风险。通过对风险进行全面的评估和监控，企业能够更好地预测和规避潜在的风险因素，从而保护资金的安全。

企业需要密切关注市场波动的风险。市场波动可能会对资金管理产生重大影响，如股票市场的波动可能导致企业投资组合价值的波动。因此，企业应该及时获取市场信息，了解市场趋势和变化，以便能够及时作出调整和应对。

汇率风险也是需要注意的一个方面。如果企业在并购过程中涉及跨国交易，汇率波动可能对资金管理带来风险。企业可以采取一些对冲策略，如购买期权合约或者使用其他金融工具来管理汇率风险，以减少汇率波动对资金管理的不利影响。

流动性风险也是需要重视的一个方面。在并购过程中，企业可能面临资金短缺或者无法及时变现的情况，这将对资金管理造成困扰。因此，企业需要制定合理的流动性管理策略，确保有足够的流动性来支持并购活动，并确保资金的可用性。

综上所述，资金管理改革创新在并购过程中具有重要意义。通过探索新的融资渠道、优化资金结构、建立资金流动性管理机制和加强风险管理与监控，企业可以提高资金管理的效率和风险控制能力，为并购成功提供坚实的财务支持。

## 二、财务尽职调查创新

财务尽职调查在并购前起着至关重要的作用，它有助于企业全面了解目标企业的财务状况、经营风险和潜在问题，从而为并购决策提供准确、全面的信息基础。

### （一）大数据分析

大数据分析是一种利用大数据技术进行数据处理和分析的方法，其发展为企业提供了增强财务尽职调查效果的机会。通过收集、整理和分析大量的财务数据和市场信息，企业能够获取更全面的信息，从而更好地了解目标企业的财务状况、市场地位和潜在增长机会。

大数据分析的一个主要优势是能够处理大规模的数据集，包括结构化和非结构化数据。这意味着企业可以从各种来源获取数据，如财务报表、市场调研数据、社交媒体数据等，以获得更全面的信息。通过对这些数据进行深入分析，企业可以发现不同数据之间的关联性和模式，从而揭示潜在的市场机会和风险。

大数据分析还可以帮助企业发现隐藏的风险和关键信息。通过对大量数据进行综合分析，企业可以识别出与财务状况相关的潜在风险因素，如财务造假、经营不善等。此外，大数据分析还能够揭示出企业在市场中的竞争优势和劣势，以及关键的市场趋势和变化。这些关键信息对于进行准确的财务评估和预测至关重要。

通过大数据分析，企业能够进行更准确和可靠的财务评估和预测。传统的财务分析方法可能只关注有限的财务指标，而大数据分析可以综合考虑更多的因素，如市场需求、竞争态势、消费者行为等。这使得企业能够更好地理解目标企业的财务状况，并作出更准确的预测和决策。

## （二）引入第三方专业机构

引入第三方专业机构是企业在进行财务尽职调查时一种常见的做法。这些第三方机构通常拥有丰富的经验和专业知识，擅长进行财务分析、风险评估和合规性审查等方面的工作，并且具备较高的专业水平。

通过借助第三方机构的帮助，企业能够获得独立的、客观的财务评估报告。相对于仅仅依赖内部人员进行评估，这种独立的外部评估能够减少内部偏见的影响，提供更加客观的视角。这对于企业来说尤为重要，因为内部人员可能会因为各种原因对财务状况进行过度乐观或过度悲观的估计，而第三方机构则可以通过其专业的眼光和经验，给出更加客观中立的评估结果。

引入第三方专业机构还可以减少信息不对称所带来的风险。在企业内部，不同部门之间可能存在信息流通不畅的问题，导致某些重要信息无法得到充分的传递和分析。而第三方机构作为外部独立的评估者，可以通过独立收集和分析信息，填补信息不对称的漏洞，从而提供更加全面和准确的财务评估结果。

## （三）强化财务风险识别

强化财务风险识别是企业在进行财务尽职调查时应特别重视的一个方面。

财务风险包括多种可能的问题，例如财务造假、会计不规范和隐藏债务等，这些问题可能对企业的财务状况和业务运作产生重大影响。

为了增强对财务风险的识别能力，企业可以采用创新的方法和工具。其中一种方法是使用数据挖掘技术，通过对大量的财务数据进行分析和挖掘，识别出潜在的风险信号。这种技术可以帮助企业发现异常的财务模式或行为，从而引起警觉并深入调查可能存在的问题。

财务模型分析也是一种有用的工具，可以帮助企业评估目标企业的财务状况和潜在风险。通过建立合适的财务模型，企业可以对目标企业的财务数据进行深入分析，揭示出潜在的问题和风险因素。这种分析可以基于历史数据和行业标准，帮助企业更好地理解目标企业的财务情况，并作出相应的决策。

除了采用新的方法和工具，与目标企业的沟通和交流也是非常重要的。通过与目标企业建立密切的联系，企业可以更好地了解其会计制度和核算政策。这种深入了解可以帮助企业揭示潜在的财务风险，例如会计准则运用的不规范或潜在的财务漏洞。通过与目标企业的沟通，企业可以获取更多的信息，并更全面地评估潜在的财务风险。

## （四）应用智能化技术

应用智能化技术在财务尽职调查中可以带来许多好处。随着智能化技术的不断发展，企业可以利用人工智能、机器学习和自然语言处理等先进技术来改善财务尽职调查的效率和准确性。

一种常见的应用智能化技术的方式是利用自然语言处理技术。通过这项技术，企业可以快速分析大量的合同文件和公开信息。自然语言处理技术可以帮助企业自动提取关键的财务数据和重要条款，从而减少人工处理的工作量和时间消耗。这种自动化的过程可以大大加快财务尽职调查的速度，提高效率。

智能化技术还可以帮助企业自动生成财务分析报告和风险评估指标。通过机器学习算法的运用，系统可以根据大量的财务数据和历史信息，自动分析并生成相关报告。这样一来，财务尽职调查的结果将更加准确、全面，且具有一致性。通过智能化技术的支持，企业可以更好地评估潜在投资项目的风险，并作出相应的决策。

智能化技术还能够提供实时数据分析和监控功能。通过对财务数据的实时分析，企业可以及时了解和监控潜在投资项目的财务状况和风险情况。这样，企业可以更好地把握投资项目的动态变化，并及时采取必要的措施来保护自身利益。

## （五）加强合规性审查

加强合规性审查是在进行财务尽职调查时需要重点关注的一项任务。财务数据虽然是其中一个重要方面，但目标企业的合规性情况同样需要予以关注。为了确保并购过程的合法性和稳定性，企业可以采取措施加强对目标企业的合规性审查。

合规性审查的内容包括对目标企业在法律、税务、环保等方面是否符合相关规定而进行的全面审查。在法律方面，需要对目标企业的经营活动是否遵守国家和地区的法律法规进行仔细评估。包括了解目标企业是否存在任何违法行为或诉讼风险，是否存在合同纠纷或知识产权问题等。对税务方面的合规性审查则需要查看目标企业的税务记录和报表，确保其纳税行为符合相关法规和要求。

环保方面的合规性也是需要重点关注的领域。企业需要审查目标企业是否遵守环保法规，是否存在环境污染或资源浪费等问题。对于一些行业，特别是与环境密切相关的行业，尤为重要。确保目标企业在环保方面的合规性，可以避免可能的法律风险和负面影响，同时也有助于企业维护可持续发展的形象。

加强合规性审查的目的在于发现潜在的法律风险和合规性问题，并采取相应措施进行处理。通过全面审查目标企业的合规性，企业可以更好地了解其经营状况和风险情况，为后续的并购过程提供更准确的信息和评估依据。这样可以最大程度地降低并购过程中可能出现的法律纠纷和合规性问题的风险，保障并购的顺利进行。

通过创新财务尽职调查的方法和技术，企业可以提高尽职调查的效率和准确性，降低并购风险。然而，在进行财务尽职调查时，企业仍需谨慎，结合实际情况，全面评估目标企业的财务状况和潜在风险，确保并购决策的准确性和合理性。

## 三、财务整合创新

财务整合是指在并购完成后，将两个或多个企业的财务系统和流程进行整合，以实现财务管理的协同效应和价值创造。

### （一）统一财务报表

在并购后，企业需要进行一系列操作，以实现统一财务报表的目标。需要对被并购企业的财务报表进行整合。这意味着将两个独立的财务报表系统合并为一个整体，以确保财务数据的一致性和可比性。这需要将并购企业的会计准则、会计政策和会计处理方法与收购方的财务体系相匹配，使得报表编制的规范和标准一致。

整合财务报表还涉及对报表格式和内容进行统一。在这个过程中，需要对被并购企业的财务报告模板进行调整，以适应收购方的内部管理和外部报告的需求，包括对报表的结构、分类和附注等方面的调整，以确保报表的完整性和准确性。

除了会计准则和报表格式的整合外，还需要进行数据的整合和转换，包括将两个企业的财务数据进行比对和校准，以消除重复、遗漏或不准确的数据。这可能需要对财务数据进行调整和重分类，以确保合并后的财务报表反映出并购企业的真实财务状况和业绩。

为了实现统一财务报表的目标，还需要确保财务报表编制过程的一致性和规范性。这可能涉及制定并执行统一的财务报表编制指南、流程和控制措施，以确保财务报表的准确性和可靠性。同时，还需要进行财务报表的审计和审查，以验证报表的合规性和真实性。

## （二）整合会计政策和制度

当两个企业进行并购时，它们往往具有不同的会计政策和制度。这意味着在实现财务整合的过程中，需要采取创新的方法来处理这种差异。整合会计政策和制度的过程涉及多个方面。

企业需要进行调整和协调各项会计政策。这可能涉及将不同的会计方法和原则进行比较和分析，找出它们之间的差异，并确定如何进行调整以实现一致性。这需要考虑到并购后企业的特定需求和目标，并确保所选择的会计政策符合相关的法规和准则。

企业需要制定一致的会计处理准则。这意味着在整合过程中，需要确定一套适用于整个企业的会计准则，以便在财务报表中使用。这可能需要对现有的会计准则进行修改或制定全新的准则，以适应合并后的企业的需求。

确保合规性和准确性也是整合会计政策和制度的重要方面。在整合过程中，企业需要确保所采用的会计政策符合法规和准则的要求，并且能够提供准确的财务信息。这可能需要进行内部审计和检查，以确保财务数据的准确性和合规性。

为了提高财务信息的及时性和准确性，企业还需要建立统一的会计制度和流程。这包括确定财务报告的频率和格式，确保各个部门和分支机构按照统一的流程进行会计处理，并建立有效的信息交流和协作机制，以确保财务数据能够及时、准确地传达给相关方。

## （三）优化成本结构和资源配置

在并购完成后，企业可以采取一系列财务整合措施，以优化其成本结构和资源配置。这种优化旨在提高企业的效率和降低成本，从而实现更高的综合竞争力。

整合采购和供应链管理。通过整合采购活动，企业可以获得更大的采购规模，从而享受到规模经济的好处。通过与供应商的协商和优化，企业可以降低采购成本，提高采购效率，并确保所需物资和资源的及时供应。

优化人力资源配置。并购后，可能存在重复的岗位和冗余的人员。通过对人力资源的整合和优化，企业可以消除重复的职位，避免冗余，从而实现人力资源的最佳配置。这不仅可以降低人力成本，还可以提高员工的工作效率和团队的合作效能。

整合资金管理和财务筹资。通过整合并购双方的资金管理活动，企业可以实现更有效的资金利用和配置。此外，通过统一的财务筹资策略，企业可以降低融资成本，提高资金的可获得性和灵活性。

### （四）管理财务风险

在进行并购之后，管理财务风险变得尤为重要。并购交易可能会带来一系列财务风险，因此企业需要采取创新的方法来进行有效管理。为了应对这些潜在的财务风险，企业需要采取一系列措施。

加强内部控制体系的整合是至关重要的。并购后，合并的企业往往会面临不同的财务流程和系统，这可能导致数据不一致或丢失。因此，企业需要确保内部控制体系的整合，以确保财务数据的完整性和准确性。这可以通过整合核算系统、审计程序和财务报告流程来实现。

建立风险管理机制也是必不可少的。企业需要设立专门的团队或委员会来监测和管理并购后可能出现的财务风险。这些风险可能包括市场风险、信用风险、汇率风险等。通过建立风险管理机制，企业可以及时发现并应对这些潜在的财务风险，以减少其对企业的不利影响。

制定并执行并购后的风险管理策略也是必要的。企业需要根据实际情况制定并购后的风险管理策略，并确保其得到有效执行。这些策略可以包括多方面的措施，例如制定灵活的资金管理政策、加强与供应商和客户的合作关系、加强合规性和审计程序等。通过执行这些策略，企业可以降低财务风险对其经营业绩和财务状况的影响。

　　财务整合创新在并购过程中起着至关重要的作用。通过创新的财务整合方法和策略，企业可以实现财务协同效应和价值创造，提高综合竞争力，并确保并购的成功实施。然而，财务整合创新需要充分考虑并购双方的差异性和特点，确保整合过程的顺利进行，并持续关注财务整合的效果和持续改进。

　　综上，企业并购财务管理创新包括资金管理改革创新、财务尽职调查创新、财务整合创新等方面。这些创新措施在企业并购中起着重要作用，有助于提高企业的生产力和创新能力，进一步增强企业的价值和竞争优势，促进企业做大、做强。

# 参考文献

［1］党学锋. 网络环境下中小企业财务管理模式的创新思考［J］. 商场现代化，2023（15）：162-164.

［2］赖春萍. 互联网环境下中小企业财务管理模式的创新［J］. 今日财富（中国知识产权），2023（7）：101-103.

［3］张春. 探究"营改增"对中小企业财务管理的影响作用［J］. 纳税，2018，12（35）：57，60.

［4］贺佳婕. 民营中小企业财务管理存在的问题及对策分析［J］. 质量与市场，2022（14）：13-15.

［5］王明文. 提高中小微民营企业财务管理水平的主要策略［J］. 纳税，2020，14（32）：155-156，160.

［6］何菊华. 浅论我国中小企业财务管理存在的问题及对策［J］. 中国产经，2021（20）：122-123.

［7］张军群. 中小民营企业财务管理现状与对策探究［J］. 商业观察，2021（14）：88-90.

［8］张崇艳. 业财融合在中小企业财务管理中应用探究［J］. 现代营销（经营版），2021（5）：66-67.

［9］柯晓光. 中小企业财务管理中的税收筹划问题研究［J］. 纳税，2020，14（34）：48-49.

［10］塔娜.审计视角下加强中小企业财务管理分析［J］.商场现代化，2020（21）：184-186.

［11］侯立翠.分析中小企业财务管理内控制度的研究［J］.财经界，2021（35）：65-66.

［12］李艳.我国中小企业的筹资风险与对策［J］.产业与科技论坛，2019，18（23）：222-223.

［13］张超.网络环境下中小企业财务管理模式的创新思考［J］.环渤海经济瞭望，2019（11）：97-98.

［14］晏仁华.审计视角下的中小企业财务管理强化策略分析［J］.财会学习，2022（34）：110-112.

［15］郑家斌.浅谈中小企业财务管理中税收筹划问题［J］.今日财富，2018（22）：122，124.

［16］孙齐齐.信息时代中小企业财务管理模式创新问题分析［J］.纳税，2018，12（22）：109.

［17］史诗德，陈茵.中小企业财务管理存在问题及创新对策研究［J］.现代经济信息，2017（16）：239.

［18］彭苏梅.业财融合在中小企业中的应用［J］.财富生活，2023（14）：133-135.

［19］赵培有，冯砚.谈中小企业财务管理的改革和创新［J］.经济研究导刊，2010（17）：131-132.